Edain McCoy

Liebeszauber

Dank

Ein ganz besonderes Dankeschön möchte ich an drei Llwellyn Autorenkolleginnen und -kollegen richten, deren Vorschläge und Ermutigungen zur Entstehung dieses Buches beigetragen haben:

Ray T. Malbrough,
der mir die Feinheiten beim Herstellen
magischer Pulver erläuterte

Patricia Monaghan,
die mich in das unerschöpfliche Potenzial von
angelsächsischen Kreiszaubern einführte

Kisma Stepanich,
die mich an die wunderbaren Liebeszauber erinnerte,
die sich in den von uns beiden verehrten
irischen Märchen wiederfinden

Segenswünsche an euch alle,
möge euer Leben immer von Liebe erfüllt sein.

Edain McCoy

Liebeszauber

Magische Formeln
für Liebe und Erotik

Aus dem Amerikanischen übersetzt
von Birgit Hahn-Hafez

mvg

Die Deutsche Bibliothek - CIP-Einheitsaufnahme

MacCoy, Edain:
Liebeszauber : magische Formeln für Liebe und Erotik / Edain McCoy. Aus dem Amerikan. übers. von Birgit Hahn-Hafez. - Landsberg am Lech : mvg, 2001
(mvg-Paperbacks ; 08683)
Einheitssacht.: Bewitchments <dt.>
ISBN 3-478-08683-3

Translated from „Bewitchments"

Aus dem Amerikanischen übersetzt von Birgit Hahn-Hafez.

Umschlaggestaltung: Vierthaler & Braun, München
Satz: Fotosatz H. Buck, Kumhausen
Druck- und Bindearbeiten: Presse-Druck, Augsburg
Printed in Germany 08683/3014602
ISBN 3-478-08683-3

Inhalt

Einführung

Was ist das, was wir Liebe nennen?

Cole Porter, der amerikanische Bühnenkomponist, hat diese uralte Frage 1930 zwar zum ersten Mal in Musik umgesetzt – doch wie alle, die diese vor ihm schon gestellt haben, konnte auch er keine erschöpfende Antwort darauf geben. Seit den Anfängen der Menschheit beeinflussen unsere tiefsten Gefühle für andere, wie wir unser Leben organisieren und unsere Gemeinschaften aufbauen. Sobald sich unsere Gefühle romantisch auf eine andere Person richten, erging es den Menschen der Steinzeit mit Sicherheit nicht besser als uns. Sie erlebten dieselben Urreaktionen, die wir auch heute durchleiden müssen: Appetitlosigkeit, Schlaflosigkeit, Gemütsschwankungen, Tagträumereien, zwanghafte Gedanken, die durch unseren Kopf geistern, und das Sich-Einlassen auf unvernünftige Handlungen, die unseren gesunden Menschenverstand weit übersteigen.

Ah, ist die Liebe nicht etwas Großartiges?

Allen Widrigkeiten zum Trotz würden wohl die meisten von uns diese rhetorische Frage mit einem entschiedenen Ja beantworten. Darauf angesprochen, würden einige bestimmt sagen, dass die Liebe zu einem anderen Menschen einer der wichtigsten Aspekte in ihrem Leben sei. Dass dies anscheinend schon immer so war, davon zeugt die große Zahl an Volksbräuchen, die sich mit dem Gewinnen und dem Erhalten der Liebe beschäftigen. Sowohl die mündlichen als auch die schriftlichen Liebeszauber und -wahrsagungen, die uns im Laufe der Geschichte übermittelt wurden, machen einen übergroßen Anteil an den bestehenden Volksbräuchen aus. Wirft man jedoch die Suche nach einer Liebesbeziehung gegenüber der Beschaffung von Nahrung, Unterschlupf, Kleidung und anderen materiellen Dingen, die für den Lebenserhalt notwendig sind, in die Waagschale, scheint sie fast unbedeutend. Obwohl anzunehmen ist, dass wir dies verstandesmäßig wissen, verwendet unsere Spezies viel Zeit und Energie darauf, nach dieser schwer zu fassenden Immateriellen, die wir Liebe nennen, zu suchen. Sie ist ohne Zweifel das beliebteste Thema in Poesie, Musik, Kinofilmen, Fernsehshows und Romanen. Jährlich erscheinen hunderte von Büchern und Zeitschriftenartikel, die sich damit beschäftigen, wie man Liebe findet, aufrechterhält oder deutet. Obwohl die Ratschläge sehr unterschiedlich sind – vom Praktischen bis zum Bizarren –, zeugt doch die Informationsfülle zu diesem Thema von unserem unstillbaren Interesse daran.

Was wir jedoch häufig in unserer besessenen Suche nach einem Liebespartner vergessen, ist das noch grundlegendere Verlangen nach Gesellschaft. Dass die Menschen soziale Wesen sind, die einander brauchen, um zu überleben, ist eine Wahrheit, die wir bereits gelernt haben, als wir noch um die ersten primitiven Lagerfeuer herumsaßen – eine Wahrheit, die zu unserem eigenen Schaden in unserem Bewusstsein unterdrückt wurde. Medizinische Studien haben wiederholt gezeigt, dass Gesellschaft – von Familie, Freunden und Liebespartnern – viel entscheidender für unser körperlich-seelisches Wohlbefinden ist, als man dies noch vor 20 Jahren gewagt hätte zuzugeben. Die Fakten können nur schwer abgestritten werden: Verheiratete Menschen leben länger. Babys, die man häufig liebkost, wachsen schneller, sind aufmerksamer und passen sich leichter an, wenn sie in die Schule kommen. Menschen mit einem großen Freundeskreis und gesellschaftlichen Verpflichtungen werden weniger krank, wohingegen Leute, die sich von diesen Kanälen abgeschnitten und isoliert fühlen, in Depressionen verfallen und in hohem Maße selbstmordgefährdet sind.

Für Dr. Peter R. Schemm, Autor von *Love: Impact on Physical and Mental Health**, ist das Fehlen von Liebe der entscheidende Faktor für erschreckend viele Krankheiten. Das Buch *Love, Medicine and Miracles** des Arztes und Verlegers Bernie S. Siegal, legt ein bezwingendes Zeugnis von der heilenden Kraft der Liebe ab.

Die letzten Verkaufszahlen der Liebesromanschreiber Amerikas (Romance Writers of America), ein Berufsverband mit nahezu 8 000 Autoren, zeigen, dass Liebesromane – oft Inhalt von Spott und

* bisher nicht in dt. Übersetzung erschienen (Anm. d. Red.)

Hohn – allein in den USA fast die Hälfte aller im Buchhandel jährlich verkauften Taschenbücher ausmachen. Es ist ein riesiges Marktsegment, das sich mit Geschichten über das „Finden und Erhalten von Liebe“ beschäftigt.

Alles in unserer Urpsyche sagt uns, dass es entscheidend für unsere Existenz ist, Menschen zu finden, mit denen wir unser Leben teilen können – der Gedanke, nach Liebe zu suchen, scheint nun bei weitem nicht mehr so unbedeutend. Zählt man alles zusammen, ergibt sich eine große Anzahl von Beweisen, dass die Liebe mehr ist als der Zuckerguss auf dem Kuchen des Lebens.

Menschen brauchen und wollen Liebe in verschiedenen Formen. Wir wollen Beziehungen, Treue, Kameradschaft, Freundschaft, Romanzen und jemanden, der uns unserer Attraktivität und unseres Wertes versichert. Gut oder schlecht, richtig oder falsch – so sind wir eben.

Die Magie anzapfen

Liebeszauber verfolgt beim Finden von Liebe einen anderen Ansatz, als den in den geläufigen Magazinen dargestellten, und zwar nicht nur, weil es Magie einsetzt. Ob Sie nun einen Partner oder eine Partnerin fürs Leben suchen oder einfach eine neue beste Freundin – die Energien von Liebeszaubern anzuzapfen kann Ihnen helfen, Ihre Suche zu fokussieren und diesen neuen Menschen in Ihr Leben zu ziehen. Im Unterschied zu anderen Büchern, die Ihnen eine Sammlung von Liebeszaubern vorsetzen, lehrt Ihnen das vorliegende, wie Magie überhaupt funktioniert. Darüber hinaus bietet es Beuge- und Bindungszauber – auch wenn diese von vielen Magie-Ausübenden aus ethischen Gründen als Manipulation betrachtet werden. Dennoch machen sie einen großen Prozentsatz unseres Volksschatzes an Liebeszaubern aus.

Viele Magie-Praktizierende werden sich mit Sicherheit gegen die Veröffentlichung dieses Materials sträuben und anführen, dass einige Leser es missbrauchen werden und es deshalb geheim gehalten werden muss. Solch eine bevormundende Einstellung ist verletzend und keine gültige Entschuldigung, um dieses Wissen versteckt zu halten.

Magie ist so alt wie die Menschheit. Sie war Teil des spirituellen Systems unserer Vorfahren und sie ist bis heute vor allem ein Weg für die Selbstverantwortlichen. Wir alle müssen unsere Entscheidung eigenverantwortlich treffen, welches Verhalten richtig oder falsch ist, da auch nur wir selbst letztendlich die Konsequenzen zu tragen haben. Etwas zu verbergen, nur weil es missbraucht werden könnte, ist ein erschreckender Gedanke, einer der von jeder Diktatur dafür benutzt wurde, Zensur zu entschuldigen. Das Kürzen von Informationen hat ebenfalls seine Konsequenzen und würde in diesem Fall nur die Übermittlung von altem magischem Wissen behindern.

Seien Sie sich immer bewusst, dass ein manipulativer Zauber umgeformt werden kann in ein nicht manipulatives Ziel, ebenso wie ein nicht manipulativer Zauber zu einem manipulativen gemacht werden kann. Magie-Ausübende wissen, dass die Macht des Universums existiert, damit wir uns ihrer bedienen, und in sich und von selbst ist sie weder gut noch schlecht. Die Entscheidung , wie wir sie nutzen, können wir nicht füreinander treffen. Außerdem ziemt es sich nicht für jemanden, der den Weg der Selbstverantwortung geht – er kann höchstens lehren und warnen. Die Entscheidung liegt immer bei Ihnen selbst.

Die vielen Gesichter der Liebe

Obwohl es in *Liebeszauber* um männlich-weibliche Polaritäten geht und der Schwerpunkt des Buches auf dem Erlangen von romantischer Liebe liegt, sollten Sie sich doch bewusst sein, dass die Liebe viele Formen und Gesichter hat – und alle sind etwas Besonderes.

Niemand hat das Recht zu sagen, was richtige Liebe oder was eine Liebesaffäre ist. Nur Sie selbst können dies auf der Grundlage des Wertes der Beziehung in Ihrem Leben entscheiden. Wenn Sie sich eine andere Art von Liebe wünschen und möchten, dass Sie die Magie dabei unterstützt, dann können Sie die meisten Zauber aus diesem Buch verwenden, um Ihr Ziel zu erreichen. Dieses Buch geht über den Zweck, eine/n Geliebte/n zu finden, hinaus. Es erforscht die magischen Praktiken, die sich damit beschäftigen, Schönheit auszustrahlen, Treue zu sichern, Familienfrieden herzustellen, ja selbst einen unerwünschten Liebhaber loszuwerden. Es taucht ein in die neue Wissenschaft der Liebesbeziehungen, um zu ergründen, was unsere Liebe auslöst. Die Romanze an sich mag nicht neu sein, aber unser Verständnis für den inneren chemischen Prozess, der diese begleitet – und, wie in anderen Bereichen auch, bedeutet Wissen Macht. In diesem Fall erlaubt das Buch uns zu erkennen, welches Verhalten diese Chemikalien stimuliert, um die gewünschte Wirkung auf unsere Partnerin oder unseren Partner zu haben. Und zu guter Letzt: *Liebeszauber* zeigt ebenfalls, wie man beurteilen kann, ob der Liebeszauber wirkt und – am wichtigsten – wie man die Magie mit ernsthaften Bemühungen in der realen Welt unterstützt, die ausschlaggebend für Erfolg oder Misserfolg sein können.

Ob Sie zur Zeit neue Kontakte zu Menschen suchen, um Ihre Lebensqualität zu verbessern, oder nur Ihr Wissen über Volksmagie erweitern wollen – *Liebeszauber* wird Ihnen helfen, das zu bekommen, wonach Sie suchen.

Liebe und Segenswünsche,

E. M.
Neumond im August 1998

P.S.: Im ganzen Buch wird abwechselnd die weibliche und die männliche Form (z.B. Partner oder Partnerin) verwendet. Selbstverständlich sind immer sowohl Frauen als auch Männer angesprochen und die Zauber sind bei beiden Geschlechtern wirksam.

Eins
Die faszinierenden Möglichkeiten von Liebeszaubern

Ist es möglich, jemanden in jemand anderen verliebt zu machen – also sozusagen liebende Gefühle von einem anderen Menschen zu erzwingen? Eine Vielzahl von Autoren von Magie-Lehrbüchern wird Ihnen erzählen, dass dies nicht ginge. Doch diese Behauptungen prallen ab an tausenden von Jahren Volksbrauchtum und Mythologie, die durchzogen sind mit tragischen Geschichten von den Folgen fehlgeschlagener Liebesmagie.

In der keltischen Mythologie begegnet uns die Geschiche von Isolde und ihrem Wächter Tristan, die einen Zaubertrank zu sich genommen hatten, der für jemand anderen bestimmt gewesen war. Sie liebten einander leidenschaftlich bis zu ihrem Tod und entkamen dem Zorn des Königs, dem Isolde versprochen war. Des Weiteren gibt es die irische Sage von *Dermot of the Love Spot*, auf dessen Stirn sich ein magischer Schönheitsfleck befand. Frauen, deren Blick darauf fiel, verliebten sich unsterblich in ihn. Als Grainne diesen Fleck an ihrem Hochzeitstag sah, überredete sie Dermot, mit ihr zu fliehen, und das gequälte Paar verbrachte Jahre auf der Flucht vor den Armeen ihres betrogenen Verlobten. In der klassischen Mythologie lesen wir über Cupid, den Liebesgott, dessen magische Pfeile Liebesgefühle bei seinen Opfern hervorriefen. Als seine Gefährtin erwählte er die wunderschöne Psyche, die nie glücklich war, bis sie die Götter unsterblich machten und ihr die Erinnerung an ihre frühere Existenz nahmen – also all das, was sie zu der Person gemacht hatte, die Cupid liebte.

Diese drei Beispiele sind nur ein kleiner Ausschnitt aus den vielen Mythen, Legenden und Volksmärchen der verschiedenen Kulturen rund um den Erdball, die vor den Gefahren warnen, wenn man jemanden zwingt, sich zu verlieben. Weshalb also dieses massive Beharren, dass es nicht möglich sei? Vielleicht glauben ja diese Verfasser von Liebeszaubern – entgegen allen Beweisen –, dass Magie keine Liebe herbeiführen kann. Vielleicht haben sie es nie versucht oder vielleicht war ihre Magie nicht stark genug oder vielleicht wollen sie es ihren Lesern einfach vorenthalten. Widersprüchlichkeiten in deren Warnungen über die Gefahren magischer Manipulation scheinen darauf hinzuweisen, dass sie selbst nicht an ihr Leugnen glauben. Einerseits erzählen sie ihren Lesern, dass es unmöglich sei, jemanden dazu zu bringen, jemand anderen zu lieben, andererseits warnen sie davor, es zu tun, weil es schlecht sei und die Folgen entsetzlich wären. Diese Doppelzüngigkeit macht so viel Sinn wie die Predigten der frühen Kirchenväter, in denen sie die Massen belehrten, dass es so etwas wie Magie nicht gäbe, während sie gleichzeitig die Ausübung von Magie als böse verteufelten. Entweder das eine oder das andere – beides gleichzeitig geht nicht.

Der wahrscheinlichste Grund dafür, warum so viele Magie-Praktizierende darauf beharren, dass man Liebe nicht herbeizwingen kann, ist, dass sie ihre Leser vor Versuchungen bewahren wollen, die am Ende nur zu Herzschmerz führen würden. Magie jeder Art – von der einfachen Volksmagie unserer Vorfahren bis zu den ausgefeilten Ritualen moderner Zeremonienmagier – ist nicht mehr als das Formen und Lenken von Energien, die bereits existieren. Wie ein riesiges Rad kreisen sie um uns herum, ein ständiges Kommen und Gehen. Sie nehmen nicht nur unsere Energie von uns fort und mit auf das Rad, sondern bringen auch zurück, was wir aussenden. Es ist jedoch kein geschlossenes, unveränderliches System, sondern unsere Energie kommt verändert durch all die anderen Energien da draußen wieder zu uns zurück. Wenn wir negative Energien aussenden, wie bei magischen Manipulationen, bekommen wir diese auch mit voller Wucht wieder zurück. So lautet die Frage, die es zu beantworten gilt, nicht, ob Sie jemanden dazu zwingen *können*, Sie zu lieben, sondern ob Sie es überhaupt versuchen *sollten*.

Fast jedes spirituelle System lehrt uns, dass wir früher oder später ernten werden, was wir säen, und nirgends ist diese Reaktion offensichtlicher als in der Ausübung von Magie. Manipulative Magie einzusetzen, um einen Liebespartner anzuziehen, ist natürlich das Verlockendste von allem, da es wahrscheinlich kein elendigeres Gefühl gibt, als wenn Liebe nicht erwidert wird. In unserer Verzweiflung, weil wir diese eine Person besitzen wollen, die nicht mehr aus unseren Gedanken zu vertreiben ist, werden wir alle Meister im Rationalisieren. Wir reden uns ein, dass wenn das Objekt unserer Begierde sich in uns verliebt, diese Person absolut glücklich sein wird – ebenso wie wir –, deshalb werde alles gut gehen. Wir versuchen uns selbst vorzugaukeln, dass wir eine starke Beziehung aufbauen werden, die eine Ewigkeit halten wird. Keiner dieser Rationalisierungsversuche kann darüber hinwegtäuschen, dass jede Art von manipulativer Magie nichts anderes ist als seelische Vergewaltigung – und auf lange Sicht wird diese weder das ersehnte Glück bringen noch eine dauerhafte Beziehung schaffen.

Fragen Sie irgendjemanden, der sich schon etwas länger mit Magie beschäftigt, und sie werden mit großer Wahrscheinlichkeit eine Geschichte zu hören bekommen, die die Fallstricke magischer Manipulation illustriert. Ich musste diese selbst erleben, als eine Freundin sich unsterblich in ihren Doktorvater Paul verliebte. Sie redete immer vom Sich-Verlieben, aber da sie ihn wirklich nicht gut kannte und sich seine Persönlichkeit mehr ausmalte als verstand, war das, was sie empfand, nicht mehr als die Projektion eines Tagtraumes. Auf eine gewisse Art und Weise wusste Maria dies, nichtsdestotrotz wollte sie ihn besitzen. Um ihr Ziel zu erreichen, ging Maria mit mir zu einer Curandera, einer mexikanischen weisen Frau und Volksheilerin, die mich ihr magisches Wissen lehrte und in dem Ruf stand, eine mächtige Magierin zu sein. Lupita versuchte Maria zu erklären, dass es sehr wohl möglich sei, Pauls Aufmerksamkeit mittels Magie zu gewinnen, aber dass dies nicht zu den von ihr gewünschten Ergebnissen führen würde.

Der Gedanke, dass die Energie, die Sie aussenden, um ein Vielfaches verstärkt zu Ihnen zurückkommen wird, entstammt nicht nur einem spirituellen System, sondern spiegelt einfach die Art und Weise wider, in der das Universum funktioniert. Dies ist ebenso verlässlich und genauso berechenbar wie die Gesetze der Physik.

„Du wirst ihn so weit bekommen, *m'ija*", warnte sie, „und Ihr werdet vielleicht fünf Jahre lang sehr glücklich zusammen sein, aber danach wird alles zusammenfallen wie eine Sandburg bei Flut."

Maria bestand jedoch darauf, sie wollte Paul um jeden Preis. Sie redete sich selbst ein, dass sie ihn in diesen fünf Jahren dazu bringen würde, sie um ihrer selbst willen zu lieben, und dass dann, wenn es an der Zeit wäre, den Preis für das zu bezahlen, was sie getan hatte, seine Liebe zu ihr so stark wäre, dass sie einfach für immer zusammenbleiben müssten. Lupita und ich versuchten Maria zu warnen, dass es noch schwieriger sein würde, die Gesetze von Ursache und Wirkung zu überwinden, und dass sie sich auf raue Zeiten einstellen müsste, und zwar nicht nur mit Paul, sondern auch mit seiner Frau und Familie, ihrem eigenen Ehemann und jedem, der die beiden kennen würde.

Maria bestand jedoch immer noch darauf, und Lupita kämpfte sich mühsam mit ihrem Zauber voran. Zauber, die man für andere ausführt, wirken verhältnismäßig langsam im Vergleich zu denen, die man für sich selbst wirkt, nachdem man seine Zauberfertigkeiten entwickelt hat. Nach wenigen Wochen kam Maria jedoch schon mit einem zufriedenen Grinsen zur Arbeit und flüsterte mir zu, dass Paul sie heute morgen zu Hause angerufen hätte. Die zwei begannen mit einem klassischen Seitensprung von einer Intensität, die dazu bestimmt war, sich selbst schnell auszubrennen. Wie vorhergesagt wurde ihrer beider Leben von kleinen Horrorvorstellungen heimgesucht, etwa als ein Kollege die Affäre entdeckte und beschloss, den beiden eins auszuwischen. Er hinterließ eine Nachricht bei Pauls Sekretärin, dass seine Frau und Tochter bei einem Autounfall ums Leben gekommen wären, während er mit Maria zusammen war. In weniger als zwei Jahren nach Marias Besuch bei Lupita glichen ihr und Pauls Leben einem Scherbenhaufen und sie waren kurz davor durchzubrennen.

Was hier passiert ist, nämlich dass es Maria gelungen war, Paul von dem wegzulocken, was bis dahin eine stabile Ehe war, kommt selten vor und zeugt sowohl von Marias Verzweiflung – die eine eigene magnetische, aber keinesfalls positive Kraft produziert – sowie von Lupitas magischem Können. Wenn Sie sich für magische Manipulation entscheiden und Ihren Zauber auf jemanden richten, dem Sie noch nie begegnet sind oder der seit über 20 Jahren glücklich verheiratet ist, müssen Sie mit einer starken Widerstandsenergie rechnen. Diese muss von Ihrem Opfer nicht bewusst ausgehen, sondern gehört zu der Weltsicht dieser Person und wie sie oder er das Leben leben will. Was Ihnen begegnet, ist eine starke Widerstandsenergie, geprägt von Willen und Bestimmtheit, nicht nur von der entsprechenden Person, sondern ebenfalls von deren Freunden und Familie, vonseiten der Kirche und Gemeinde, die nur schwer überwunden werden können.

Trösten Sie sich jedoch mit der Gewissheit, dass niemand gegen die Gegenwart einer attraktiven Person gefeit ist, die in unser Leben tritt, vor allem wenn diese ehrliche Zuneigung für uns ausstrahlt. Auch ohne Magie werden Sie damit höchstwahrscheinlich das Interesse und die Anerkennung dieses Menschen gewinnen. Die natürliche sexuelle Anziehung zwischen Mann und Frau wird immer da sein. Sie endet erst mit dem Tod. Nicht jede Anziehung oder jeder Flirt muss mit Sex oder Heirat enden. Er kann einfach als das genossen werden, was er ist. Entscheiden Sie wohl überlegt, was Sie wollen, und denken Sie an alle, die von dieser Beziehung betroffen sein würden.

Um nochmal auf unsere Ausgangsfrage zu diesem Kapitel zurückzukommen – ja, es ist möglich, jemanden dazu zu bringen, Sie zu lieben, jedoch ist dies nie ratsam.

Den richtigen Zauber wirken oder zusammenstellen

Es gibt ein altes magisches Sprichwort, das lautet: „Ein Magier, der nicht töten kann, kann auch nicht heilen." Dies soll niemandem nahe legen, mit Magie einen Mord zu begehen, um seine Fähigkeiten unter Beweis zu stellen, sondern drückt aus, dass Energie einfach Energie ist, und dass es vom jeweiligen Magier und dessen Ziel beim Wirken des Zaubers abhängt, ob diese nun für etwas Positives oder Negatives eingesetzt wird. Fähige Magier wissen, dass Zauber keine Blaupausen sind, die man genau „nachziehen" kann, sondern eher den Umrissdarstellungen zum Ausmalen in einem Kinderbuch ähneln. Es gibt viele Arten, an die Sache heranzugehen, und viele Arten, wie das fertige Produkt auf den Betrachter wirken kann.

Die meisten Liebeszauber, die heutzutage veröffentlicht werden, sind nicht manipulativer Natur, jedoch findet man auch die manipulativen immer häufiger in Büchern.

Auch in diesem Buch werden Sie viele Zauber dieser Art finden. Sie sind einfach ein zu großer Bestandteil unserer magischen Erbschaft, um versteckt zu werden. Wenn Ihnen einer davon gefällt, Sie jedoch die Vergeltung durch negative Magie vermeiden möchten, müssen Sie alle Formulierungen, Schriftstücke oder Zeichnungen, die den Zauber direkt auf eine bestimmte Person lenken, weglassen und darauf achten, dass Sie Ihre psychische Energie nicht auf diesen Menschen richten.

Im nächsten Kapitel werden wir die Grundlagen der Zauberei behandeln und die Wichtigkeit des Visualisierens in diesem Prozess unterstreichen.Wie bereits erwähnt, ist die beste Art einen Zauber zu umgehen, dessen Ausführung oder Vorstellung Ihnen manipulativ erscheint, wenn Sie es vermeiden, eine bestimmte Person zu visualisieren, während Sie den Zauber wirken. Konzentrieren Sie sich stattdessen darauf, den für Sie richtigen Menschen in Ihr Leben zu ziehen. Wenn es jemanden gibt, den Sie wirklich bewundern, können Sie sich auf die Qualitäten dieses Menschen konzentrieren (gehen Sie jedoch sicher, dass Sie diese Qualitäten auch tatsächlich kennen und sich nicht in einer Fantasievorstellung ohne realistische Grundlage verfangen, andernfalls könnte es sein, dass Sie eine böse Überraschung erleben.)

Ebenso können Sie den Wortlaut Ihres Zaubers durch eine Art Widerruf ergänzen – „wenn es niemandem schadet" oder „wenn dies der freie Wille ist" – oder durch einen ähnlichen Schlusssatz, um sicher zu gehen, dass Sie nicht manipulieren. Es stimmt zwar, dass das Hinzufügen einer solchen Formulierung gewisse Aspekte des Erfolges des Zaubers aufhebt, aber es kann Sie ebenfalls vor unangenehmen Auswirkungen bewahren. Um nochmal ein altes Sprichwort zu zitieren, in dem einige Wahrheit steckt: Steter Tropfen höhlt den Stein.

Sollten Sie den Rat der Weisen ignorieren und sich auf magische Manipulation einlassen, werden Sie feststellen, dass alle nicht manipulativen Zauber manipulativ gestaltet werden können, indem Sie sich den Menschen vorstellen, den Sie anziehen möchten, und diesen mit Ihrer magischen Energie bombardieren. Wenn Ihre Magie stark ist und die entgegengesetzten Kräfte schwach, werden Sie mit großer Wahrscheinlichkeit Erfolge verbuchen … zumindest kurzfristig.

Vergessen Sie nicht, dass es Ihr Ziel ist, durch das letztendlich festgelegt wird, ob Sie manipulieren oder nicht. Versteifen Sie sich nicht auf Formalien. Vielen Magie-Neulingen wird erzählt, dass Handlungen, die gegen den Uhrzeigersinn ausgeführt werden, oder solche, bei denen giftige Pflanzen verwendet werden, immer negativ sind, wohingegen die, die im Uhrzeigersinn mit ungiftigen Pflanzen ausgeführt werden, immer positiv sind. Stimmt nicht! Sie können jedes einzelne oder alle Elemente in Zaubern mit sowohl positivem als auch negativem Ergebnis nutzen. Machen Sie sich nicht vor, dass etwas Schlechtes nur dank der Requisiten zu etwas wirklich Gutem wird.

Legen Sie Ihr endgültiges Ziel fest

Bevor Sie beginnen, Liebeszauber wie Zufallsblitze um sich zu verteilen, sollten Sie sich viel Zeit nehmen, um genau entscheiden zu können, was Sie eigentlich von dem Zauber erwarten. Das Ergebnis muss in Ihren Gedanken ganz klar und eindeutig sein, bevor Sie sich erhoffen können, magisch damit zu arbeiten und gar dass es sich manifestiert. Möchten Sie eine heimliche Affäre, eine Freundschaft, eine liebliche Romanze, ein sexuelles Feuerwerk oder jemanden, mit dem Sie eine polygame Beziehung eingehen können? Wünschen Sie sich eine klassische Ehe, jemanden, mit dem Sie am Samstagabend schön ausgehen können, oder genießen Sie einfach das Kribbeln, wenn andere nach Ihnen schmachten?

Seien Sie sehr vorsichtig, wenn Ihr Ziel die Ehe mit jemandem ist, mit dem Sie bisher nicht einmal eine Liebesaffäre hatten. Es ist schwer genug, jemanden wirklich zu kennen, mit dem man täglich zusammenlebt, aber es ist unmöglich, wenn es sich nur um eine lockere Bekanntschaft handelt. Sie sollten nicht versuchen, Ehe-Energien zwischen Ihnen und jemandem in Bewegung zu setzen, von dem Sie nur *denken*, dass Sie ihn kennen, oder noch schlimmer: zwischen Ihnen und jemandem, den Sie nur von Ihren Illusionen her kennen. Die Geschichte von Pygmalion aus der klassischen Mythologie ist hier sehr lehrreich: Dieser Bildhauer erschuf sich die für ihn vollkommene Frau und verliebte sich unsterblich in ihr steinernes Bildnis – So sehr, dass er Venus, die Göttin der Liebe, anflehte, sie zum Leben zu erwecken. Die Göttin erfüllte ihm den Wunsch. Doch Pygmalion musste sehr bald feststellen, dass seine Traumfrau ihren eigenen Kopf hatte. Sie war vollkommen anders, als er es erwartet hatte, und erwiderte darüber hinaus nicht einmal seine Liebe. Wenn Sie also Liebeszauber an jemanden richten, den Sie nicht wirklich kennen, könnte es Ihnen passieren, dass Sie bekommen, was Sie wollen – und dies später bereuen. Wenn Sie eine Beziehung mit jemandem eingehen und sich später entschließen sollten, dass Sie diesen Menschen gerne heiraten würden, können Sie das Ziel Ihres Zaubers jederzeit neu festlegen.

Wahrsagung: Hilfe beim Vermeiden von manipulativer Magie

Wenn Sie wissen, wie man Zauber verändert, um manipulative Formulierungen oder Bilder zu vermeiden, und wenn Sie das Ziel Ihres Zaubers festgelegt haben, ist es ratsam, das Ergebnis mit einer Wahrsagetechnik zu testen. Hexen und andere Magier, denen sowohl am Ergebnis ihres Zaubers als auch am freien Willen von anderen Menschen etwas liegt, setzen immer eine Wahrsagetechnik ein, um ihre Zauber von allen Seiten zu beleuchten, bevor sie diese tatsächlich ausüben. Wenn Sie ernsthaft Magie einsetzen möchten, um Ihr Leben zu verbessern, müssen Sie sich mindestens *eine* Wahrsagetechnik aneignen. Glücklicherweise gibt es viele Techniken und dutzende von Lehrbüchern über deren korrekten Einsatz. Die Auswahl ist groß: Sie können Tarot-Karten oder Runensteine verwenden, Steine in ein offenes Feuer werfen, aus Wolkengebilden lesen oder Tieromen deuten, Steine oder Stöckchen werfen, einen Zauberspiegel befragen, Spielkarten legen, Wasser- oder Feuerwahrsagung betreiben, das I-Ging befragen und vieles mehr.

Meine persönliche Vorliebe ist das Tarot. Die 78 Karten eines Standard-Tarotspiels decken eine weite Bandbreite von Möglichkeiten ab und ihr reicher Symbolismus gibt uns einen tiefen Einblick in jede Nuance des Ergebnisses eines Zaubers. Die Grundlagen des Tarots kann sich in der Regel jeder sehr einfach aneignen, es zu beherrschen kann jedoch lebenslanges Lernen bedeuten.

Im Folgenden beschreibe ich die Legetechnik, die ich persönlich vor dem Wirken eines Zaubers anwende. Ich bin sehr angetan von dieser Technik, da ich fühle, dass sie eigentlich alle möglichen Einflussfaktoren und Ergebnisse abdeckt. Einer breiten Öffentlichkeit habe ich sie zum ersten Mal in meinem Buch *Lady of the Night: A Handbook of Moon Magick and Ritual** (Llewellyn, 1995) vorgestellt und seither bin ich noch auf keine andere Technik gestoßen, die mir besser gefällt.

Betreiben Sie jedoch keine Wahrsagung, bevor Sie nicht fest entschlossen sind, welche Zaubertechnik Sie verwenden werden. Wahrsagerei vor Zauberei kann nur ein korrektes Ergebnis bringen, wenn Sie alle Einzelheiten über das Was und Wie des Zaubers festgelegt haben. Mit anderen Worten: Nehmen Sie die Konturen und füllen Sie diese *genau so*, wie Sie möchten, dass der Zauber wirkt – komplett mit allen Formulierungen, Visualisierungen, Hilfen und Zielen. Nur wenn Sie auf diese Weise vorgehen, wird es möglich sein, dass jede Nuance gelesen und Ihnen von den Tarot-Karten gezeigt wird.

Mischen Sie die Karten und konzentrieren Sie sich dabei auf Ihr Anliegen, dann legen Sie sie entsprechend dem Schaubild aus (siehe Abbildung 1). Interpretieren Sie die Positionen laut folgender Anweisung, indem Sie die Bedeutung der Karten – wie diese von Ihnen oder einem Lehrbuch gesehen werden – ins Verhältnis zu den folgenden Einflussfaktoren setzen:

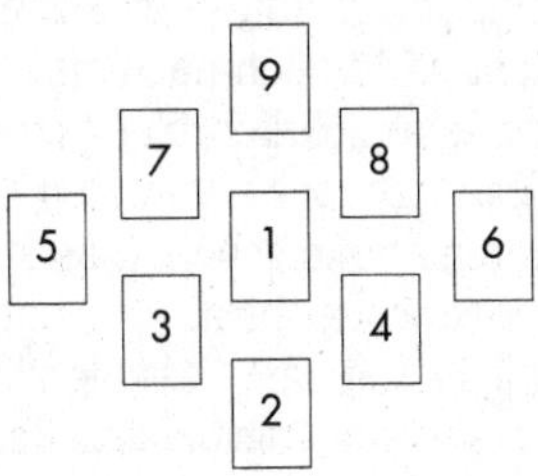

Abbildung 1: Wahrsage-Legetechnik, um negative Magie zu erkennen

* bisher nicht in dt. Übersetzung erschienen (Anm. d. Red.)

1. Primäres Bedürfnis

Diese Karte definiert das Bedürfnis oder den Wunsch, auf dem der Zauber basiert. Sie entspricht vielleicht den Erwartungen und lässt sich klar und eindeutig interpretieren, vielleicht bietet sie Ihnen auch einen neuen Einblick in Ihre Wünsche. Zum Beispiel, dass Sie sich gar nicht so sehr nach einem neuen Liebhaber, sondern vielmehr nach einem neuen guten Freund sehnen.

2. Das unterschwellige Bedürfnis

Die zweite Karte bei dieser Legetechnik ermöglicht Ihnen die Erkenntnis über die Ursache des Wunsches, den eigentlichen Grund, aus dem Sie möchten, dass etwas in Erscheinung tritt oder gebannt wird. Auch hier kann es sein, dass Sie sofort die Bedeutung erkennen oder dass Ihnen wiederum eine überraschende Wendung offenbart wird, über die Sie nachdenken sollten, bevor Sie mit dem Zauber fortfahren.

3. Die verdeckten Einflussfaktoren, die auf den Zauber und sein Ergebnis wirken

Diese Karte beleuchtet die Energien, die den Zauber beeinflussen, derer Sie sich jedoch vielleicht gar nicht bewusst sind. Diese können karmischer Natur sein – das heißt, sie beziehen sich auf ein früheres Leben – oder vielleicht wirkt auch noch eine andere, zufällige Energie, die Ihren Zauber unabsichtlich blockieren könnte. Diese Karte zeigt oft die gegen Ihren Zauber wirkenden Kräfte und kann Ihnen einen Hinweis auf deren Stärke geben. Eine starke Opposition gegen Ihre Magie sollte Sie jedoch nicht davon abhalten, Ihren Zauber zu wirken. Denken Sie jedoch daran, dass Sie vielleicht mehr als einen Anlauf unternehmen müssen, bevor sich der Erfolg einstellt, und dass vielleicht viel mehr konzentrierte Anstrengung notwendig ist, um Ihre Bemühungen in der materiellen Welt zu stützen. Diese dritte Karte kann ebenfalls anzeigen, wie Ihr wahres inneres Selbst zu dem Zauber steht. Nicht immer wollen wir nämlich wirklich all die Dinge, von denen wir glauben, dass wir sie uns wünschen. Diese Karte kann Ihnen Hinweise darauf geben, was Sie *eigentlich* wollen.

4. Der Einfluss von anderen auf das Ergebnis

Unsere Freunde und unsere Familie wollen in der Regel nur das Beste für uns und hoffen aufrichtig, dass all unsere Herzenswünsche in Erfüllung gehen. Zumindest ist es das, was wir uns von ihnen erhoffen. In Wahrheit wollen diese wohlmeinenden Familienmitglieder und Freunde vielleicht gar nicht das, was Sie sich wünschen, und ihre Energie, die gegen Sie arbeitet, kann ebenso wirkungsvoll sein, wie Ihre oder die eines anderen fähigen Magiers. Ob sich nun außer Ihnen selbst jemand über Ihren Zauber und dessen Absicht bewusst ist oder nicht – andere können trotzdem Einfluss darauf ausüben. Lesen Sie diese Karte deshalb sehr aufmerksam und bewahren Sie Stillschweigen über Ihre magischen Ziele.

5. Die Schwachstellen des Zaubers

Diese Karte kann einen Hinweis darauf geben, welche Aspekte Ihres Zaubers besonderer Aufmerksamkeit bedürfen, damit Sie diese durch Veränderungen zum wirkungsvollen Instrument machen können. Meine Erfahrung hat gezeigt, dass wenn die Karte überhaupt keinen Sinn in Bezug auf das Anliegen ergibt, der Zauber keine angreifbaren Schwächen hat. Wenn die Karte ganz deutlich auf eine Schwachstelle hinweist, müssen Sie diese nicht zwangsläufig ändern, jedoch können durch das Hinzufügen oder Wegnehmen des Angedeuteten Hindernisse beseitigt werden, die den Fortschritt verlangsamen könnten. Manchmal reicht schon eine eindeutigere Formulierung oder Visualisierung.

6. Die Stärken des Zaubers

Die sechste Karte zeigt Ihnen die Stärken des Zaubers auf; sie bestätigt, was Sie richtig machen. Erfahrungsgemäß ist der Zauber so in Ordnung – er besitzt allerdings auch keine besonderen Qualitäten –, wenn diese Karte keinen Sinn in Bezug auf die Fragestellung macht. Eine Feinabstimmung Ihres Zaubers und ein nochmaliger Wahrsageversuch kann zu einem besseren Lesen dieser Kartenposition führen und ebenso die Wirkung Ihres Zaubers stärken.

7. Die Geisterwelt oder das Innenwelt-Ergebnis

Wie eine nährende Gebärmutter ist die Astral- oder Geisterwelt das Reich, in dem alle Magie zuerst ersonnen, geformt und geboren werden sowie wachsen muss. Dies ist das Reich, in das die Energie, die Sie in Ihren Zaubern erzeugen, zuerst fließen wird. Nur weil Sie nicht regelmäßig mit dieser Welt in Kontakt treten, will das nicht heißen, dass Sie die Spuren, die Sie dort hinterlassen, einfach ignorieren können. Was Sie hier aussenden wird letztendlich zu Ihnen zurückkommen. Es gehört alles zum Rad der Energie, das ganz zuverlässig und gleichmäßig seine Runden dreht. Versichern Sie sich, dass Ihr Zauber in der Geisterwelt so frei von Unrecht ist, wie in der Welt, der Sie täglich begegnen.

8. Das Außenwelt-Ergebnis

Diese Karte deutet auf Veränderungen in der realen Welt hin, die sehr wahrscheinlich durch Ihren Zauber verursacht werden. Dies ist keine vollkommene Sicht des tatsächlichen Ergebnisses, sondern ein Hinweis auf die Auswirkungen des Zaubers auf Ihre Mitmenschen.

9. Das endgültige Ergebnis

Die neunte Karte wird Ihnen den wahrscheinlichen Höhepunkt Ihrer Magie zeigen. Wenn Sie diese Karte sorgfältig lesen und mit den anderen vergleichen, sollten Sie feststellen können, ob Ihr Zauber anderen Schaden zufügen wird und ob er frei von manipulativer Energie ist.

Die wichtigste Lektion dieses Kapitels ist wohl, dass Magie kein Allheilmittel für jeden Kummer ist, sondern eines von vielen Instrumenten, die Sie als Hilfsmittel einsetzen können, um die Dinge vom Leben zu bekommen, die Sie gerne möchten. Liebesmagie kann ein wirkungsvolles Instrument sein, um Ihnen zu helfen, dauerhafte Liebe und Freundschaft zu finden. Sie wirkt jedoch nicht von allein oder ohne entsprechende Anstrengungen Ihrerseits. Von manipulativer Magie lassen Sie am besten die Finger, doch diese Entscheidung können nur Sie selbst fällen, da auch nur Sie selbst mit den unangenehmen Folgen werden leben müssen. Mit Geschick und mit Respekt vor dem freien Willen anderer eingesetzt, kann Magie Ihre Suche nach Liebe verfeinern und Ihnen helfen, Partner auszusondern, die Sie nicht wollen. Sie kann ebenfalls Ihre bestehende Beziehung verstärken, wenn beide um die Magie wissen, die verwendet wird, und zustimmen, dass es das ist, was Sie beide wollen.

Zwei

Die neue Wissenschaft der Liebesbeziehungen

Liebesbeziehungen und Wissenschaft? Auf den ersten Blick erscheinen diese beiden Begriffe wie ein ungleiches Paar, und doch ist dies ein Gebiet, in das sich die empirischen Forschergeister vertieft und erstaunliche Ergebnisse zutage gefördert haben. Die Tatsache, dass die Liebe nicht nur uns selbst verändert (ein wissenschaftliches Phänomen), sondern dass sich auch alles um uns herum als Reaktion auf unsere neuen Gefühle verändert (ein magisches Phänomen), macht aus diesen beiden natürliche Partner.

Einer der Gründe dafür, dass Liebesgefühle seit Anbeginn der Menschheit das Hauptthema in Liedern, Gedichten und Geschichten sind, ist einfach der, dass die Liebe die geheimnisvollste Kraft auf diesem Planeten ist. Wirbelstürme, Erdbeben, Vulkanausbrüche sowie alle anderen wissenschaftlich erklärbaren Ereignisse verblassen im Vergleich dazu. Wenn wir uns auf Tragödien beziehen oder uns an solche erinnern, tun wir dies über die Geschichten der Menschen, die darin verwickelt waren. Die wissenschaftlichen Mechanismen, die ein Erdbeben verursachen oder ein Schiff sinken lassen, sind weniger interessant als das Verhalten der betroffenen Menschen und ihr Kampf für diejenigen, die sie liebten.

Ohne Zweifel ist der verwirrendste Aspekt der romantischen Liebe die Art und Weise, wie diese uns überwältigt – ohne Vorwarnung. Sie zieht uns in ihren Bann und plötzlich machen wir Bekanntschaft mit der Launenhaftigkeit, der Unfähigkeit, sich zu konzentrieren. Sie verwickelt uns in irrationale Handlungen, die uns normalerweise nie in den Sinn kämen – außer natürlich unter dem Einfluss von Amors Liebespfeil. Wir fühlen uns krank, aber gleichzeitig in Hochstimmung; depressiv, aber exstatisch; bewegungsunfähig, aber mobilisiert durch das Gefühl, dass die Zukunft voll unbegrenzter Möglichkeiten steckt. Und all dies wegen eines leichten Kitzelns im Gehirn, das uns sagt: „Oh, dieser Mensch ist einfach umwerfend." Es ist nicht verwunderlich, dass die Wissenschaftler sich da nicht heraushalten konnten und entsprechende Beweise erbringen wollten.

Sexhormone: Warum wir so fühlen, wie wir fühlen

Denjenigen, die bei dem Gedanken, sich zu verlieben, zurückschrecken – aus Angst vor dem unberechenbaren Verhalten, das dieses Verliebtsein mit sich bringt –, sei gesagt: Fassen Sie Mut! Die moderne Wissenschaft hat die entferntesten Weiten unseres Herzens – und andere erogene Zonen – seziert und dabei Hormone entdeckt, die beides erklären: das plötzliche Auftreten von romantischer Liebe und viel von dem seltsamen Verhalten, das als Begleiterscheinung erlebt wird.

Sich zu verlieben mag in der Tat mehr ein physischer als ein emotionaler Prozess sein. Die Wissenschaft hat nämlich ein kleines teuflisches Hormon namens Phenylethylamin oder PEA dingfest gemacht, das freigesetzt wird, wenn wir einen anderen Menschen sexuell attraktiv finden. Wenn PEA beginnt durch unseren Blutkreislauf zu rauschen, erleben wir dieses Anfangsgefühl von Panik, das uns sagt, dass es uns jemand wahrscheinlich angetan hat. In der Regel ist es zu diesem Zeitpunkt bereits vergebens, dass wir versuchen, diese Tatsache zu leugnen oder uns einfach zu weigern, uns zu verlieben – denn gegen diesen chemischen Prozess können wir kaum ankommen.

Der Wirkung von PEA ist ähnlich wie bei Amphetaminen. Es bringt unseren Körper auf Hochtouren. Unsere Pulsfrequenz steigt an, unser Blutdruck erhöht sich und wir beginnen auf Stimuli um uns herum zu reagieren, als wenn wir gerade einige Tassen Kaffee intravenös verabreicht bekommen hätten. Diese Gefühle sind suchterzeugend, was wahrscheinlich der Grund dafür ist, warum einige Menschen mehr in den Prozess des Sich-Verliebens verliebt sind, als in den Erhalt des späteren Zustands.

Der genaue Mechanismus, durch den die PEA-Produktion hervorgerufen wird, ist immer noch ein Geheimnis. Es kann auf anscheinend belanglose Auslöser reagieren, wie das Lächeln oder die Berührung von jemandem, dessen Erscheinung oder dessen Duft. Höchstwahrscheinlich kommen all diese Dinge zusammen, die mit allen Sinnen gleichzeitig spielen, kombiniert mit einem anderen wirkungsvollen Hormon, das uns über unseren Geruchssinn verführt: Pheromon.

Pheromone sind das ultimative „Komm-rüber-Parfüm" in der Welt der Säugetiere. Die Absonderung dieser Hormone in den Anfangsstadien sexueller Anziehung produziert einen Moschusduft, der das andere Geschlecht wie magisch anzieht. In den letzten Jahren haben einige kommerzielle Parfümhersteller versucht, menschliche Pheromone in ihren Duftwässerchen zu verwenden und diese als todsichere Aphrodisiaka zu vermarkten. Bisher war die Resonanz jedoch nicht überwältigend. Das Auftragen von Sexhormonen einer anderen Person scheint offensichtlich nicht so zu wirken, wie wenn man seine eigenen produziert. Sparen Sie sich das Geld und lassen Sie sich gesagt sein, dass wenn Sie beginnen, sich für jemanden zu interessieren – egal wie oberflächlich dies auch sein mag –, Sie Ihre eigenen Pheromone freisetzen und diese „Komm-rüber-Signale" aussenden. Es gibt keine Möglichkeit, sie aufzuhalten.

Pheromone stammen von einem anderen starken Sexhormon ab, bekannt als Dehydroepiandrosteron oder DHEA, das sowohl Männer als auch Frauen im Übermaß besitzen, und das unsere Libido und unsere Orgasmusfähigkeit reguliert. Dies ist ein starker Stoff und ein Grund, warum Pheromone so eng mit unserer sexuellen Reaktion auf eine andere Person verbunden sind.

Ein anderes Hormon, das das PEA in Gang und Fluss hält, ist Oxytocin. Dies wird freigesetzt, wann immer wir von jemand anderem körperlich berührt werden. Es ist ebenfalls das chemische Element, das verantwortlich für unsere Tagträumereien ist, für die Jenseits-der-Realität-Gefühle, die wir haben, wenn wir uns verlieben. Die Berührung von jemandem, der uns etwas bedeutet, kann so stark sein, dass allein schon die Vorstellung, dass dieser Mensch uns streichelt, die Oxytocin-Produktion auslösen und uns in das Reich der Liebesfantasien katapultieren wird. Dem Oxytocin wird außerdem zugeschrieben, die Zusammengehörigkeitsgefühle unter Menschen zu fördern sowie das Stressniveau zu senken.

Mit all diesen Vorgängen in unserem Inneren ist es kein Wunder, dass wir uns dieser benebelnden Anfangsgefühle einer Romanze nicht erwehren können. Ganz egal, wie heldenhaft wir auch kämpfen, wir werden am Ende immer von jemandem entgegen unserem Willen betört sein – von jemandem, der der richtige Partner für uns sein kann oder auch nicht.

Die PEA-Reaktion bei jemand anderem auslösen

Aufgrund dieser neuen Entdeckungen in der Liebeswissenschaft konzentrieren sich die neuen Flirt- und Verabredungsleitfäden weniger auf die langfristigen Tricks von Anziehung, sondern mehr auf diese entscheidenden ersten Eindrücke, die den Unterschied ausmachen, ob das PEA zu fließen beginnt oder zurückgehalten wird – in Erwartung eines interessanteren Auslösers. Sie können das PEA auf den Weg bringen, indem Sie nur ein paar wenige Anweisungen befolgen.

Worin fast alle Autoren, die sich mit Liebesbeziehungen beschäftigt haben, übereinstimmen, ist, dass das offene Zeigen von Interesse an einem anderen Menschen die beste Strategie ist. Dies straft natürlich den Ratschlag Ihrer Großeltern Lügen, wonach eine Frau wie eine desinteressierte Eisprinzessin dazusitzen und zu warten hat, bis ein Mann auf sie zukommt, der wiederum dem Ratschlag folgt, wie ein Macho auszusehen und distanziert abzuwarten, bis eine Frau Notiz von ihm nimmt. Bei all dieser Reserviertheit grenzt es fast schon an ein Wunder, dass man jemals zusammengefunden und geheiratet hat!

Offenes Interesse heißt nicht, dass Sie sich jemandem an den Hals werfen sollen. Es bedeutet lediglich, dass Sie auf das Interesse eines anderen Menschen an Ihnen reagieren sollen. Dies funktioniert, ob Sie nun einen Freund oder Liebhaber suchen. Der Mechanismus ist simpel: Lächeln. Zuhören. Berühren, wenn angebracht.

Das Lächeln ist wahrscheinlich die am meisten unterschätzte und am wenigsten gelehrte soziale Fähigkeit. Ein lächelndes Gesicht ist ein aufnahmebereites Gesicht. Es ist attraktiv und interessant. Richtig angewandt können Sie mit einem Lächeln wie ein sicherer Hafen in einer Menge fremder Menschen wirken, der Leute durch einen vollen Raum hinweg anzieht und an Ihre Seite bringt.

Es gibt viele Arten von Lächeln. Lächeln mit leicht geöffnetem Mund wird vom Empfänger immer als ein Zeichen für sexuelles Interesse gedeutet, Lächeln mit geschlossenem Mund sendet in der Regel Freundschaftssignale aus. Strahlendes Lächeln wirkt auf fast jeden attraktiv. Experimentieren Sie ein bisschen vor einem Spiegel, um das Lächeln zu finden, das am besten zu Ihrem Gesicht und Ihrer Persönlichkeit passt und das die Botschaft den Menschen, die Sie anziehen wollen, am besten übermittelt.

Das Zuhören ist eine andere soziale Fähigkeit, die vielen Menschen fehlt, aber zumindest sind sich die meisten von uns bewusst, dass ihre Fähigkeiten auf diesem Gebiet recht mager sind. Wenn Sie sich mit einem Ihnen unbekannten und interessanten Menschen unterhalten, ist die beste Strategie, dem Drang zu widerstehen, Ihre Lebensgeschichte an einem Abend erzählen zu wollen, und stattdessen zuzuhören, was der andere zu sagen hat. Sie müssen nicht zum Märtyrer werden und eine ausschweifende Selbstbeweihräucherung über sich ergehen lassen, aber Sie müssen interessiert erscheinen und eine Balance für den Austausch finden. Dies ist ebenfalls eine gute Art und Weise, um zu beurteilen, ob die Person, zu der Sie sich hingezogen fühlen, wirklich das ist, was Sie sich vorgestellt haben, oder ob sie nur eine schöne Verpackung ohne Inhalt darstellt.

Wenn Sie wirklich möchten, dass PEA fließt und auch, dass eine kleine Oxytocinproduktion stattfindet, kann eine angemessene Berührung der zündende Funke sein. Diese wirkt am besten, wenn Sie sich sicher sind, dass die andere Person zumindest *etwas* Interesse an Ihnen hat. Einfache Gesten, wie den anderen am Arm zu berühren, um einem Punkt in Ihrer Unterhaltung Nachdruck zu verleihen, sind zwar bestimmt, aber nicht fordernd, und können viel dazu beitragen, ein stärkeres Band zwischen Ihnen und dem potenziellen Liebespartner zu knüpfen. Wenn Sie sich an einem Ort befinden, wo Sie tanzen können, ist dies eine exzellente Gelegenheit für unaufdringliche Berührungen.

Augenkontakt ist ein anderer Weg, um zu signalisieren, dass Sie an jemandem interessiert sind. In vielen Kulturen – auch bei uns ist das oft noch gang und gäbe – wird vermittelt, Augenkontakt von mehr als ein paar Sekunden zu vermeiden. Die Augen geben unmissverständliche Sexualsignale ab und alle können PEA-Auslöser sein. Während der sexuellen Erregung werden die Pupillen groß und wir tendieren dazu, diese weit geöffnet zu halten, wenn wir uns mit jemandem unterhalten, mit dem wir flirten. Das Klischee über Liebende, die sich gegenseitig in die Augen starren, zeigt, was für eine starke Bedeutung Augenkontakt in unserer Kultur hat. Er ist Körpersprache, die jedem deutlich zeigt, dass zwei Menschen eine exklusive Verbindung eingegangen sind – zumindest für den Moment ist niemand im Kreis der beiden willkommen.

Selbst enge Freunde setzen Augenkontakt ein, um sich „Bände zu erzählen". Bestimmt haben Sie schon beobachtet, wie sich zwei Menschen mitten in einem Vortrag oder einer Gesprächsrunde ansahen, und Sie wussten, dass sich diese beiden soeben ihre gegenseitigen Kommentare zum Gesagten übermittelt hatten.

Wenn man direkt in die Augen von jemand anderem schaut und diesem Blick für nur ein oder zwei Momente länger standhält, als dies normalerweise angebracht wäre, so ist dies ein unabstreitbares „Ich-mag-dich"-Signal, das eingesetzt werden kann, um diese spezielle Person wissen zu lassen, dass Sie an ihr interessiert sind. Wenn der oder die andere Ihren Blick erwidert, befinden Sie sich vielleicht an der Schwelle zu einer neuen Romanze.

Wenn es so einfach wäre, würden wir es alle tun – und sollten dies auch

Wir Menschen haben die verrückte Angewohnheit, uns alles schwerer zu machen, als es eigentlich sein müsste – die Suche nach einer Liebesbeziehung macht hier keine Ausnahme. Im Gegensatz dazu gehen wir alle jedoch auch gerne den Weg des geringsten Widerstands. Viele von uns vermeiden es, Dinge zu tun, die wir angeblich gerne tun würden, nur weil wir denken, dass sie zu viel Mühe und Anstrengung kosten. Die Anstrengung, die notwendig ist, um nach Liebe zu suchen, gehört hier ebenfalls dazu.

Zwei der prägnantesten und intelligentesten Bücher, die es im Moment zum Thema Partnersuche gibt, sind Susan Rabins und Barbara Lagowskis *How to Attract Anyone, Anytime, Anyplace** (Plume Books, 1993) sowie Leil Lowndes' *How to Make Anyone Fall in Love With You** (Contemporary Books, 1995). Der Grund, warum diese beiden Titel nicht sehr weit verbreitet sind, ist der, dass die Leute den darin erteilten Ratschlag ablehnen, weil er anscheinend zu einfach ist. Die Liebe ruft in uns viele komplizierte Gefühle wach, deshalb nehmen wir an, dass ein Buch über die Liebe, das nicht ebenso kompliziert ist, auch nicht gut sein kann. Auf der anderen Seite ist ein Teil in uns froh, dass von uns keine zu harte Arbeit erwartet wird.

Wie diese beiden Bücher erläutern, liegt die Wahrheit über unsere Attraktivität auf der Hand. Sie beinhaltet die Lächeln-Zuhören-Berühren-Formel erweitert um die Faktoren Selbstsicherheit ausstrahlen, ehrliche Komplimente machen, Augenkontakt ausdehnen, so gut wie möglich aussehen und ein guter Unterhalter zu sein.

Nicht jeder, bei dem Sie Ihren Charme spielen lassen, wird sich unsterblich in Sie verlieben, und meist ist dies nicht *Ihr* Fehler. Trotz all der Forschung über die Wies und Warums der persönlichen Anziehungskraft gibt es immer noch einen erheblichen Teil an Geheimnisvollem, der den romantischen Prozess verschleiert – und die meisten von uns wollen es eigentlich gar nicht anders. Nichtsdestoweniger können wir unsere Erfolgschancen verbessern, wenn wir allgemein freundlich und ehrlich mit anderen umgehen und diese wissen lassen, dass wir sie mögen, während wir ihnen im Gegenzug erlauben, uns kennen und lieben zu lernen.

---

* bisher nicht in dt. Übersetzung erschienen (Anm. d. Red.)

Drei

Liebesmagie zum Funktionieren bringen

So schwer es auch für viele Neulinge auf dem Gebiet der Magie verständlich ist: die Kraft, die einen Zauber in Bewegung setzt, steckt nicht in den Worten, den Gesten oder dem Äußeren. Die Magie steckt immer in dem Menschen, der den Zauber wirkt. Wir sind die Magier. Alles andere ist nur Requisite.

Die Magie an sich ist nicht böse. Sie setzt nur natürliche Kräfte ein, die wir uns nutzbar machen und mit denen wir arbeiten, um diese auf das von uns gewünschte Ergebnis auszurichten. Der Definition nach kann nichts Übernatürliches exisitieren. Wir können nicht erschaffen, was es nicht schon gibt, noch können wir jemals ganz zerstören, was existiert. Magie kann nur innerhalb der Naturgesetze des Universums wirken – diese Gesetze mögen der modernen Wissenschaft noch nicht bekannt sein oder von ihr verstanden werden, aber seien Sie versichert, sie existieren.

Die sechs Grundvoraussetzungen für erfolgreiche Magie

Die meisten erfahrenen Magier werden Ihnen sagen, dass Sie vier Dinge benötigen, damit ein Zauber wirken kann: den starken Wunsch, die Notwendigkeit, das Wissen und die Fähigkeit zu schweigen. Ich ziehe es vor, daraus sechs Punkte zu machen:

1. Einen Wunsch oder eine Notwendigkeit
2. Ihre emotionale Beteiligung
3. Das Wissen, wie der Zauber ausgeführt und bis zum Abschluss durchgehalten wird
4. Der Glaube an das Ergebnis

5. Die Fähigkeit, Ihre Absicht für sich zu behalten
6. Die Bereitschaft, die Magie in der realen Welt zu unterstützen

Ohne Wunsch und Notwendigkeit entsteht nicht der Funke, der die Vorstellungskraft entzündet, die gebraucht wird, um die Emotionen zu entfachen, damit Sie sich etwas so sehr wünschen, dass Sie den Zauber vollführen können. Diese emotionale Investition wiederum schürt das Verlangen zusätzlich und hilft Ihnen, nach Wissen zu suchen und sich auf das Ergebnis zu konzentrieren, während es Ihren Glauben stärkt, dass das, was Sie wollen, sich letztendlich manifestieren wird.

Sein magisches Werk für sich zu behalten, ist ein alter Lehrsatz der Magie. Er erinnert uns daran, dass geteilte Kraft verlorene Kraft ist, und dass das Reden über unsere Zauber bedeutet, sie aufs Spiel zu setzen, indem Sie sich zum einen selbst Kraft abziehen und zum anderen den Zauber für Gegenkräfte öffnen. Ob die andere Person an Magie glaubt oder nicht spielt keine Rolle. Wir alle haben die Kraft, um Energie zu projizieren, und jeglicher negative mentale Input, sogar mangelnder Glaube, kann in Ihre so sorgfältig errichtete Mauer der Magie Löcher schlagen.

Die sechs Grundfertigkeiten des Magie-Wirkens

Magie ist eine Kunst und wie bei allen Künsten gibt es Grundfertigkeiten, die beherrscht werden müssen. Wenn Sie all diese Elemente in jedem von Ihnen ausgeführten Zauber berücksichtigen, werden Sie damit Ihr magisches Selbst trainieren und Ihre Fertigkeiten ausbauen, sodass die Zauberei für Sie eine immer einfachere Übung wird. (Auf diese Formel gehe ich ausführlich in meinem Buch *Making Magick: What It Is and How It works** (Llewellyn, 1997) ein und biete praktische Übungen, um diese Fertigkeiten zu entwickeln.)

* bisher nicht in dt. Übersetzung erschienen (Anm. d. Red.)

1. Visualisierung des gewünschten Ergebnisses
2. Sich selbst zentrieren und ausbalancieren
3. Das Bewusstsein verändern
4. Magische Enerige erzeugen und aussenden
5. Katalysatoren laden, verzaubern und mit Kraft versehen
6. Überschüssige, unverbrauchte Energie erden

Das Unterbewusstsein, in dem Magie zuerst Gestalt annimmt, ist ein Ort der Symbole – einer, an dem jedes Bild wortwörtlich genommen 1 000 Wörter wert ist. Vor Ihrem geistigen Auge eine dauerhafte Vision des von Ihnen gewünschten Ergebnisses zu sehen ist entscheidend für den Erfolg jeglicher Zauberei. Üben Sie im Geiste, lebendige Vorstellungen von Dingen zu entwickeln, um diese Fertigkeit zu fördern.

Sich zu zentrieren und auszubalancieren bedeutet einfach, dass Sie in der Lage sein müssen, Ihre inneren Energien anzurufen und diese im Gleichgewicht zu halten, während Sie Zauber wirken. Dies erfordert zwar Übung, man kann es jedoch erlernen. Auch hier sind gute Visualisierungsfähigkeiten einer der Schlüssel, die für Sie alles zusammenführen.

Das Bewusstsein verändern bedeutet, dass Sie in der Lage sein müssen, Ihr normales Wachbewusstsein zu verlangsamen und in einen Zustand, den wir häufig als Meditationszustand bezeichnen, einzutreten. Dies ist der Zustand, in dem Zauber am besten wirken, da Ihr Geist beeinflussbarer wird und mit den Energien außerhalb seiner selbst stärker in Einklang kommt.

Magische Energie zu erzeugen und diese nach außen auf das Ziel zu lenken ist eine Fertigkeit, die Zauberneulinge schnell erlernen. Es ist eine Fertigkeit, die mit jeder Übung verbessert wird. Da es mittlerweile offensichtlich sein sollte, dass Magie nichts weiter ist als die geschickte Manipulation von Energie, sollte es ebenso klar sein, dass es entscheidend ist zu wissen, wie diese Energie zu sammeln und zu versenden ist. Energie kann man in sich erwecken durch Tanzen, Trommeln, tiefes Atmen, Singen, indem man Kraft aus der Erde unter uns oder vom Himmel über uns zieht – alles, was ein aufbauendes Gefühl der Spannung in Ihnen erhält, das mit dem Ziel Ihres Zaubers in Verbindung steht. Wenn es Zeit ist, die Energie freizusetzen, sollte das Ziel klar visualisiert sein. Das Freisetzen erfolgt dann durch ein schnelles Lösen der Spannung, etwa indem Sie herumwirbeln, die Arme von sich werfen oder ausatmen. Versuchen Sie herauszufinden, was bei Ihnen am besten funktioniert.

Katalysatoren sind die Gegenstände, die uns helfen, uns auf unsere Magie zu konzentrieren. Sie besitzen übertragbare Energien, haben jedoch von sich aus keinerlei Kraft, bis diese von uns in sie gelenkt wird. Dazu gehören Kräuter, Steine, Zauberstäbe, Kerzen oder andere Gegenstände, die wir ausgewählt haben. Wir laden diese auf unterschiedliche Art und Weise mit Kraft, zum Beispiel durch unsere Berührung oder indem wir erzeugte Energie in diese hineinsenden.

Ist ein Zauber beendet, bleibt noch einiges an Energie an uns „kleben". Es ist nahezu unmöglich, die ganze Energie an das Ziel zu senden, und dieser Überschuss muss entsorgt werden, sodass er nicht gegen uns arbeiten oder uns durch seine Anwesenheit negativ beeinflussen kann. Die beste Entsorgungsmethode ist, diese Restenergie mittels Visualisierung geistig tief in die Erde zu schicken. Bis Sie diese Übung gewohnt sind, sollten Sie dabei den Boden mit Ihren Handflächen berühren, dadurch wird die Abgabe erleichtert. Später, nachdem Sie Ihre magischen Fähigkeiten entwickelt haben, kann das Erden fast ausschließlich über den Willen erfolgen, ohne körperliche Handlungen Ihrerseits.

All diese magischen Praktiken scheinen einfach zu sein, aber sie erfordern Übung, um Erfahrung mit deren Umgang zu sammeln. Beginnen Sie nun, diese Praktiken in Ihren Liebeszaubern einzusetzen. Damit werden sie stärker und verhelfen Ihnen schneller zu dem, was Sie sich wünschen.

Weitere Tipps für „magische Erfolge"

Erfolgreiche Magie ist von vielen Faktoren abhängig – selbst davon, ob Sie sich an dem Tag, an dem Sie den Zauber wirken, gut oder schlecht fühlen. Jegliche Energie und jeglicher Umstand, die Sie für Ihren Erfolg nutzen können, sind hilfreich.

Versuchen Sie Ihre Zauber auszuführen, wenn Sie allein und in einer ruhigen Umgebung sind. Zeitdruck oder die Angst, überrascht zu werden, sind nicht gerade förderlich für die Art von Konzentration, die für den Erfolg notwendig ist. Entscheidend ist auch, dass Sie bei guter Gesundheit und ausgeruht sind.

Viele Magie-Ausübende glauben, dass es das Beste sei, eine Art von körperlichem und seelischem Schutzritual durchzuführen, bevor sie mit dem Zauber beginnen – nicht weil die Magie an sich gefährlich wäre, sondern weil die durch Magie erweckte Energie Wesen aller Art von den unsichtbaren Seinsebenen anziehen kann. Dieser Schutz funktioniert am besten, wenn er Sie auf einer tief gehenden symbolischen Ebene anspricht. Religiöse Ikonen, geheiligte Kreise, spiritueller Schmuck oder sich selbst mit einem Lichtring zu umgeben, sind alles Hilfsmittel, die wirken, wenn man an sie glaubt. Wenn Sie sich damit wohler fühlen, dann sollten Sie sie auch einsetzen.

Ebenso wie in der Magie Energie von Energie angezogen wird, so ist eine der besten Schutztechniken einfach das Wissen darum, dass Sie sich während der ganzen Handlung in einer positiven Geisteshaltung befinden. Wenn Sie sich versichern, dass Ihre Magie weder manipulativ noch negativ ist, versichern Sie sich damit auch gleichzeitig, nur positive Wesen anzulocken, die Ihnen das Beste für Ihr Unterfangen wünschen.

Zauber sind keine einmalige Sache. Viele müssen mehrere Male wiederholt werden, bis sie richtig wirken, andere wiederum benötigen kontinuierliche Verstärkung, bis sie Wirkung zeigen. Sie sollten bereit sein, alles zu tun, was notwendig ist, damit sich der Zauber manifestiert – sowohl in der magischen als auch in der realen Welt.

Die Aneignung von Astrologiekenntnissen kann wirklich jedem empfohlen werden, der ernsthaft vorhat, den magischen Weg zu gehen. Astrologische Einflüsse können Ihre Zauber erheblich verstärken. Planetarische Konstellationen, die für Ihren Zauber nicht absolut perfekt sind, werden ihm zwar kaum schaden, das Arbeiten mit diesen natürlichen Energiewellen kann ihm jedoch in erheblichem Maße ankurbeln. Das einfachste astrologische Hilfsmittel sind die Mondphasen. Üblicherweise wird Magie, die etwas verstärken oder sichtbar machen soll, bei zunehmendem Mond ausgeführt, und Magie, die etwas schwächen oder aufheben soll, in der abnehmenden Mondphase. Das soll nicht bedeuten, dass Sie mit einem Zauber aufhören müssen, wenn die Mondphasen wechseln – ändern Sie einfach den Fokus Ihres Zaubers. Zum Beispiel führen Sie einen Zauber, der Liebe in Ihr Leben bringen soll, bei zunehmendem Mond aus, und bei abnehmendem Mond einen, der Ihr Single-Dasein beenden soll.

Es gibt eigentlich nur einen Zeitpunkt, zu dem Magie astrologisch nicht empfohlen wird: wenn der Mond in der Position steht, die „im Leerlauf" genannt wird. Dies ist eine Zeitspanne, die von ein paar Minuten bis zu mehreren Stunden dauern kann. (Sie ereignet sich immer dann, wenn der Mond alle astrologischen Hauptaspekte (Konjunktion, Sextil, Quadrat, Trigon und Opposition) mit den anderen Planeten gehabt hat und er im Begriff ist, in ein neues Tierkreiszeichen zu wandern. In guten astrologischen Kalendern ist diese Zeit gekennzeichnet – oft mit dem Begriff V/C (**V**oid of **C**ourse) – und so ist es möglich, diese Zeiten zu umgehen. [Anm. d. Red.])

Am wichtigsten ist jedoch, dass Sie Ihr Ziel ganz klar definieren, bevor Sie mit einem Zauber beginnen. Zu viele Leute werfen mit magischer Energie um sich, als wäre es eine Hand voll Dartspfeile, und hoffen, dass sie damit schon irgendwie ins Schwarze treffen und das zurückbekommen werden, was sie sich wünschen. Das ist jedoch äußerst unklug. Erstens sollten Sie Ihre Energien nicht streuen, wenn diese auf ein Ziel konzentriert sein müssen. Zweitens bekommen Sie vielleicht etwas, das Sie auf keinen Fall haben wollen. Es ist empfehlenswert, den Wortlaut des Zaubers im Vorfeld niederzuschreiben. Diese Worte können Sie dann in Ihrem Zauber verwenden, wo Sie allgemein als Worte der Kraft bezeichnet werden. Formulieren Sie sie mit Bedacht, damit Sie nicht etwas in Ihr Leben rufen, das Sie gar nicht wollen. Ergänzen Sie Ihren Visualisierungsprozess mit Ihren Worten der Kraft, um beste Ergebnisse zu erzielen.

Die praktische Seite des Flirtens und Sich-Verliebens

Auch wenn Magie-Neulinge es gar nicht gerne hören: Wir müssen unsere magischen Bemühungen in der realen Welt unterstützen, damit sie Erfolg haben. Nirgends wird dies deutlicher (oder amüsanter) als bei Liebeszaubern.

Prinz Charming oder Cinderella werden Sie nie hoch zu Ross vor Ihrer Tür abholen, wenn Sie nie aus dem Haus gehen und sich irgendwo hinbegeben, wo Sie sie zuvor auch treffen können. Gehen Sie aus und interessieren Sie sich für die Welt, in der Sie leben. Sie werden Spaß haben, Leute treffen und Sie werden zu einer interessanteren Persönlichkeit, die die anderen kennen lernen wollen. Lesen Sie regelmäßig die Lokalnachrichten in Ihrer Zeitung, damit Sie Bescheid wissen, was in Ihrer Gemeinde oder Ihrem Stadtteil vor sich geht. Bestimmte Szenekneipen können ideale Orte sein, um Leute kennen zu lernen, die Ihre Leidenschaften teilen. Religiöse Veranstaltungen oder Kurse jeglicher Art eignen sich ebenfalls als Orte zur Kontaktaufnahme. Ob Tanzen, Malen, Töpfern, Fremdsprachen – es gibt Kurse in den unterschiedlichsten Preiskategorien zu fast allem, was Sie sich vorstellen können.

Wenn Liebeszauber ihre Wirkung verfehlen

Liebe ist Energie. Sie ist geschlechtslos, gewissenlos und sehr stark. Wenn Sie versuchen, jemanden mit übertragbarer Energie anzuziehen, funktioniert das nur, wenn Sie sich wirklich ernsthaft bemühen und Energie einsetzen, um Energie zu gewinnen. Wenn Sie Probleme mit einem Liebeszauber oder irgendeinem anderen Zauber haben, so gibt es dafür eigentlich nur zwei Gründe:

1. Entweder investieren Sie nicht die richtige Energie in Ihre Bemühungen oder
2. eine stärkere Kraft wirkt Ihrer Magie entgegen

Wenn Sie versuchen, einen bestimmten Menschen zu zwingen, der an Ihnen kein Interesse hat, haben Sie es wahrscheinlich mit dem zweiten Problem zu tun. Sollte dies nicht der Fall sein, liegt Ihr Problem wahrscheinlich bei Punkt eins oder Sie sind ganz einfach zu ungeduldig. Lassen Sie sich Zeit mit Ihren Liebeszaubern. Seien Sie wählerisch, wen Sie in Ihr Leben lassen. Seien Sie die Person, an der Sie selbst Interesse hätten, wenn Sie Ihr eigener potenzieller Partner

wären. Dann werden die Energiemuster, die Sie entwerfen, schließlich die richtigen Menschen anziehen.
Wenn ein Zauber versagt, Sie aber trotzdem weitermachen wollen, versuchen Sie diesen umzuformulieren oder tauschen Sie Zutaten aus. Wir haben alle unterschiedliche Neigungen und machmal reicht eine kleine Veränderung aus, damit ein Zauber für uns besser wirkt. Sie können auch versuchen, andere Zauber hinzuzufügen oder das gleiche Anliegen mit einem anderen Zauber anzugehen.

Versichern Sie sich, dass Sie Ihr Ziel sehr genau definiert haben. Wenn Ihr Zauber zu vage ist, haben Sie Ihr Ziel vielleicht erreicht, ohne es zu wissen. Ich kannte einmal eine Frau, die einen manipulativen Zauber verwendete, um einen Mann zu zwingen, sich in sie zu verlieben, der seit mehr als 30 Jahren ein glücklich verheirateter Familienvater war. Nachdem sie den Zauber ein halbes Jahr lang dreimal wöchentlich ohne offensichtlichen Erfolg ausgeführt hat, bat sie mich, einen Blick auf ihre Arbeit zu werfen, um festzustellen, ob sie irgendwelche Fehler machte. Bevor ich zusagte, bat ich sie, mir ihren eigenen Eindruck über das, was vor sich ging, zu schildern.

„Ich kann sagen, dass er interessiert ist", berichtete sie mir. „Ich ertappe ihn immer, wie er mich beobachtet. Er flirtet ständig mit mir, redet die ganze Zeit mit mir und zieht mich auf. Aber das ist alles. Nichts weiter. Ich verstehe das nicht!"

„Was ist das Ziel Ihres Zaubers?", fragte ich sie.

„Ihn in mich verliebt zu machen – ihn nach mir verrückt zu machen. Was sonst?"

Ich prüfte ihren Zauber und stellte fest, dass dies tatsächlich ihr Ziel war. Sie hatte das Endergebnis so formuliert und visualisiert, dass bei dem Mann „Liebe und Lust" für sie erwachten, und das war genau das, was sie auch bekommen hatte. Es war offensichtlich, dass er von ihr fasziniert war, und da es das war, worauf sie hingearbeitet hatte, war das auch alles, was sie bekommen hatte. Ich erklärte ihr, dass wenn sie eine Affäre oder vielleicht sogar eine Ehe mit diesem Mann anstrebte, dieses konkrete Ziel in den Zauber eingearbeitet hätte werden müssen.

Die Frau war am Boden zerstört, da sie solch einen Fehler in ihrer Magie absolut nicht erwartet hätte. Sie veränderte sofort die Struktur ihres Zaubers, um ihr Ziel zu spezifizieren, doch die Gegenkraft, die aus seiner Verpflichtung gegenüber seiner Familie entstand, war zu stark, um von ihr überwunden zu werden. In der Zwischenzeit hat sie einiges über den Aufbau von Zaubern sowie über die Fallstricke manipulativer Magie gelernt.

Einen Liebeszauber brechen

Einen Zauber brechen bedeutet mit anderen Worten, ihn zu beenden, den Energiefluss zu stoppen, den sie ausgelöst haben, als es begann.

Einige in Magie Bewanderte meinen, dies sei ein wichtiger Schritt in der Zauberkunst, wohingegen andere der Auffassung sind, dass Zauber sozusagen eines natürlichen Todes sterben und sich selbst brechen, wenn keine magische Energie mehr regelmäßig in sie hineinfließt.

Es steht Ihnen frei, sich der einen oder anderen Denkrichtung anzuschließen. Wenn Sie eines Tages entscheiden, dass Sie sich nicht länger wünschen, was Sie in Bewegung gesetzt haben, können Sie den Zauber brechen, indem Sie sich vorstellen, wie die ganze Energie, die Sie bisher in diesen hineinfließen haben lassen, auseinander bricht und geerdet wird. Es ist ebenfalls sinnvoll, alle Talismane oder andere Katalysatoren, die die Energie Ihrer magischen Absicht tragen, zu zerstören. Die Gegenstände zu verbrennen oder zu vergraben, sind zwei empfehlenswerte Wege, um deren Einfluss zu beenden.

Wenn Sie Magie mit irgendeiner Religionsausübung verbinden, können Sie einen Zauber brechen, indem Sie Ihren Gottheiten für deren Hilfe danken und Sie darum bitten, dass nun der Zauber zu Ende sein soll. Wenn Sie Ihr Gebet oder Ritual abgeschlossen haben, zerstören Sie die Gegenstände, die Sie zur Schaffung des Zaubers verwendet haben.

Gehen Sie sicher, dass Sie bei jedem Liebeszauber, den Sie brechen, der Person, die Sie an sich ziehen wollten, geistig alles Gute wünschen, selbst wenn Sie sie nicht kennen sollten. Senden Sie ihr liebevolle Gefühle und gute Wünsche für ein glückliches Leben, dann vergessen Sie diesen Menschen und lenken Ihre Aufmerksamkeit auf andere Aufgaben.

Vier

Ihre Ergebnisse bewerten

Viele alte Techniken der Liebeswahrsagung sind auch heute noch bekannt und werden wahrscheinlich von Leuten praktiziert, die ganz und gar nichts mit Magie am Hut haben. Möglicherweise haben Sie diese sogar schon einmal selbst in Ihrem Leben angewendet. Das Ausstreichen von gleichen Buchstaben in den Namen auf einem Stück Papier, um die übrig gebliebene Botschaft zu lesen, oder das Abpflücken von Blütenblättern bei einem Gänseblümchen mit den Sätzen „Sie liebt mich, sie liebt mich nicht" sowie das Abzählen der Knöpfe an der Bluse eines Mädchens mit den Worten „Metzger, Bäcker, Müller, Schneider" sind beliebte Schüler-Liebesspielchen. In der Vergangenheit waren dies ernst gemeinte Liebeswahrsagungen, die als verlässliche Methoden galten, um über eine herannahende Romanze oder einen potenziellen Liebespartner Auskunft zu geben.

Einer der frustrierendsten Aspekte beim Ausführen von Zaubern ist das Warten auf Zeichen, dass diese zu wirken beginnen. Der Zeitabstand scheint ins Unendliche zu wachsen, wenn Ihr Zauber die Liebe zum Inhalt hat. Zum Glück kann etwas Magie kombiniert mit gesundem Menschenverstand zur Bewertung der Situation Ihnen die Erfolgsmeldungen liefern, die Sie brauchen, um nicht das Gefühl zu haben, dass gar nichts passiert.

Ihre geistigen Zentren öffnen

Bevor Sie beginnenn, den Fortschritt Ihres Zaubers einzuschätzen, sollten Sie sich die Zeit nehmen, um sanft Ihre geistigen Zentren zu öffnen, sodass Sie das Energiemuster, das Sie umgibt, richtig deuten können. Einer der einfachsten Wege, um dies zu tun, ist Ihre Energie zu zentrieren und sich vorzustellen, wie sich jedes Ihrer Chakren vollkommen öffnet.

Scheitel
(knapp über dem Kopf)

Stirn
(zwischen und knapp über den Augen)

Hals
(Zentrum der Halskehle)

Herz
(in der Mitte des Brustknochens)

Solarplexus
(im Zentrum des Solarplexus)

Nabel
(knapp unter dem Nabel)

Wurzel
(am Ende des Steißbeins)

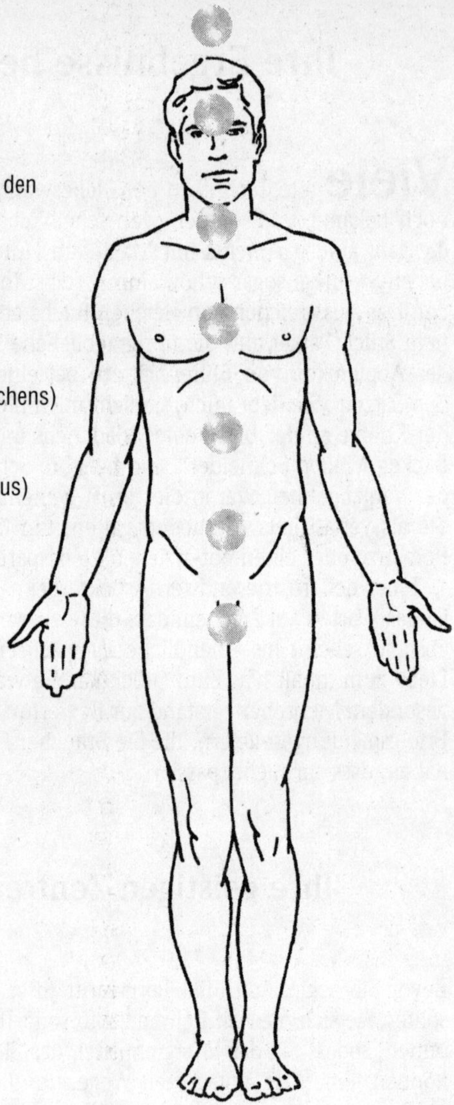

Abbildung 2: Die Chakren des menschlichen Körpers

Die Chakren sind die sieben Hauptenergiezentren, die den menschlichen Körper von oben nach unten und von unten nach oben durchlaufen und durch die Sie Informationen in Form von geistiger Energie senden und erhalten. (Entnehmen Sie bitte Abbildung 2, wo sich die einzelnen Chakren im Körper befinden.) Die drei obersten Chakren sollen am wirkungsvollsten beim Übertragen und Empfangen von geistigen Bildern sein. Ich möchte jedoch davor warnen, die vier unteren in dieser Übung auszulassen. Sie senden und bekommen von diesen unteren Chakren auch Eindrücke und diese sind wichtig, um ein genaues Gesamtbild vom Fortschritt Ihres Zaubers zu erhalten. Jemand, der sagt: „Ich fühlte es im Bauch", „In meinem Herzen habe ich es gewusst", „Es war wie ein Schlag in die Magengrube", der hat damit unbewusst Informationen ausgedrückt, die er über die Chakren erhielt. Wenn Sie sich die Chakren-Abbildung nochmal ansehen, werden Sie feststellen, dass diese Körperzonen Chakren-Zentren entsprechen. Diese sollten nie übergangen werden, vor allem nicht bei Ihrer augenblicklichen Zauberarbeit, da diese Zonen am engsten mit elementarer Liebe und der Energie des Verlangens verbunden sind.

Sie können diese Übung im Sitzen oder im Liegen ausführen, so lange Ihr Rücken dabei gerade ist. Dies erleichtert den Energiefluss zwischen den Chakren, sodass diese Informationen mitteilen können. Entspannen Sie sich und schließen Sie dabei die Augen. Beginnend beim Wurzelchakra richten Sie nun nacheinander Ihre Aufmerksamkeit auf jedes einzelne Zentrum. Stellen Sie sich vor, wie es sich öffnet und empfänglich wird für die Energien um Sie herum in Beziehung zu Ihrem Zauber. Arbeiten Sie sich auf diese Weise vor bis zum Scheitel-Chakra. Verweilen Sie bei jedem Chakra so lange, wie es Ihnen notwendig erscheint.

Jedes Chakra wird mit einer Farbenergie assoziiert. Dies hilft Ihnen vielleicht, die Chakren deutlicher zu visualisieren. Wenn Sie sich schon einmal mit den Spektralfarben beschäftigt haben, wird es Ihnen leicht fallen, sich diese Farben in der richtigen Reihenfolge einzuprägen:

Wurzel: Rot
Nabel: Orange
Solarplexus: Gelb

Herz: Grün
Hals: Blau
Stirn: Indigo
Scheitel: Violett

Wenn Sie mit Ihrer Wahrsageübung fertig sind, ist es am besten, alle Chakren-Zentren teilweise wieder zu schließen, um sie vor der übermäßigen Energie, mit der wir jeden Tag bombardiert werden, zu schützen. Sie können diese zur Hälfte geöffnet lassen, damit sie so Ihrer Gesundheit und Ihrem Wohlbefinden dienen können, aber nicht so weit, dass die psychischen Eindrücke, die diese Ihnen übermitteln, zu viel für Sie werden.

Eine andere Methode, um die geistigen Zentren zu öffnen, ist ein rituelles Bad oder ein geistiger Tee. Einige Magier verwenden beides, andere wiederum ziehen das eine dem anderen vor.

Hinter dem Ausdruck „rituelles Bad" steckt ganz einfach ein Bad, dessen Ziel nicht die körperliche Hygiene ist, sondern das Eintauchen des Körpers in ein Energieumfeld, das geeignet ist, den Magier mit den Energien seines magischen Zieles in Einklang zu bringen. Es hilft ebenfalls, das Bewusstsein zu verändern und es für die Energiemuster zu öffnen, mit denen Sie arbeiten möchten.

Wenn Ihr Ziel das Übersinnliche ist, sollten Sie es mit einem heißen Bad versuchen. Dampf wurde schon vor tausenden von Jahren in den verschiedensten Kulturen rund um den Erdball dafür verwendet, das Bewusstsein zu beinflussen und geistige Kräfte hervorzurufen. Den meisten sind die Schwitzhütten der Indianer Nordamerikas ein Begriff. Sie wurden speziell für diese Zwecke verwendet und werden dies auch heute noch. Wenn keine Brandgefahr besteht, zünden Sie einige Silberkerzen an und werfen ein Stück echtes Silber in Ihr Badewasser. Silber ist ein Metall, das vom Mond regiert wird, der unseren seelischen Bestrebungen vorsteht. In einem kleinen Beutel oder einem Mulltuch binden Sie einige Kräuter zusammen, die bekanntermaßen die natürlichen übersinnlichen Fähigkeiten fördern, und lassen deren Energien sich im Wasser ausbreiten. Lassen Sie die Kräuter nicht lose im Wasser treiben, da dies zu ernsthaften Verstopfungen Ihrer Abflussrohre führen könnten. Eine Liste mit Kräutern und anderen organischen Substanzen, die uns für das Übersinnliche öffnen und die Haut nicht zu stark reizen, folgt im Anschluss. Wenn Sie wissen, dass etwas bei Ihnen eine Allergie oder Hautreizung hervorruft, ersetzen Sie es durch etwas anderes.

Anmerkung: Zauber, in denen Kräuter verwendet werden, sind mit Vorsicht zu genießen, vor allem wenn Sie schwanger sind oder irgendein gesundheitliches Problem haben, da manche Kräuter Ihrer Gesundheit schaden können. Bitte besprechen Sie dies mit einem Arzt, bevor Sie Kräuter innerlich oder äußerlich anwenden.

Kräuter für ein Ritualbad zur Steigerung der übersinnlichen Wahrnehmung

Lorbeer
Bistort
Katzenminze
Augentrost
Geißblatt
Beifuß
Rose
Baldrian
Wermut
Schafgarbe

Tees werden seit jeher verwendet, um einen leicht veränderten Bewusstseinzustand hervorzurufen. Deshalb trinken wir diese auch häufig, um den Übergang vom Wach- in den Schlafzustand zu finden oder um aus den verbleibenden Teeblättern auf dem Boden einer Tasse zu lesen. Sie benötigen ein Tee-Ei oder einen Filter und etwa einen gehäuften Teelöffel getrocknete Kräuter für jede Tasse.

Einige der Kräuter auf der folgenden Liste schmecken weder noch riechen sie sehr gut. Aber sie erfüllen ihren Zweck bestens. Wenn Sie feststellen, dass Sie mit der Wirkung eines Kräutleins sehr zufrieden sind, aber den Geruch oder Geschmack nicht ausstehen können, versuchen Sie etwas Pfefferminzkraut oder -öl zum Tee hinzuzugeben.

Sie können eines oder einige der Kräuter, die in der folgenden Liste aufgeführt sind, verwenden, oder mehrere aus verschiedenen Listen kombinieren, um den Tee auf Ihr konkretes magisches Anliegen abzustimmen. Die einzige Regel, die Sie beachten müssen, ist, dass die Kräuter als magische Instrumente Ihnen zusagen müssen und dass Sie nicht allergisch auf eine Substanz reagieren dürfen, die Sie verwenden. Halsschwellungen und Nesselausschlag haben nicht nur wenig Magisches an sich, sondern sind geradezu gefährlich.

Kräuter für die Herstellung eines Tees zur Steigerung der übersinnlichen Wahrnehmung

Katzenminze
Zimt
Löwenzahn
Jasmin
Beifuß
Pfefferminze
Rhabarber
Safran
Salbei
Grüne Minze
Baldrian
Weide
Wintergrün

Die Wirkung des Tees ist am besten, wenn Sie die Kräuter während der Zubereitung so viel wie möglich in die Hand nehmen. Dies bringt sie in Gleichklang mit Ihrem persönlichen Energiemuster. Visualisieren Sie Ihr Ziel, wenn die Kräuter einweichen und Dampf von Ihrer Tasse aufsteigt. Zu diesem Zeitpunkt wird ihre Energie zum ersten Mal für Sie freigesetzt, und Sie sollten alles nutzen, was die Kräuter zu bieten haben. Den Tee ohne jegliches Süßungsmittel zu trinken ist das Beste, um mit den Energien zu arbeiten. Sollten Sie den Tee wirklich nicht ohne Süßungsmittel genießen können, versuchen Sie es einmal mit Honig oder Reissirup anstelle von raffiniertem Zucker oder künstlichem Süßstoff. Während Sie den Tee trinken, versuchen Sie sich geistig zu entspannen und sich auf das Öffnen Ihrer geistigen Zentren zu konzentrieren.

Eine leicht abgeänderte Version eines kleinen Gesangs, den ich gerne singe, während ich diese Tees trinke, wurde zum ersten Mal in *Lady of the Night* veröffentlicht. Er hilft Ihnen, tiefer an Ihre geistigen Kräfte heranzukommen.

Türen aller Welten öffnet euch weit heut Nacht,
da ich gesegnet bin mit dem zweiten Gesicht.
Oh wirbelnder, nebliger, dunstiger Schleier,
hebe und verziehe dich nun auf der Stell.

Wahrsagetechnik zur Beurteilung des Fortschritts Ihres Zaubers

Standardisierte Wahrsage-Instrumente wie Tarotkarten und Runensteine können Ihnen helfen, den Fortschritt Ihres Zaubers zu bestimmen. Legen Sie Ihre Karten oder Steine entsprechend dem Muster in Abbildung 3 und interpretieren Sie diese folgendermaßen.

1

Diese Karte im Zentrum verdeutlicht das Ziel bzw. den Gegenstand Ihres Zaubers. Betrachten Sie diese sehr aufmerksam, da sie Ihnen etwas darüber sagen könnte, was Sie wirklich von der Liebe wollen und was Sie vielleicht bis jetzt nicht realisiert haben.

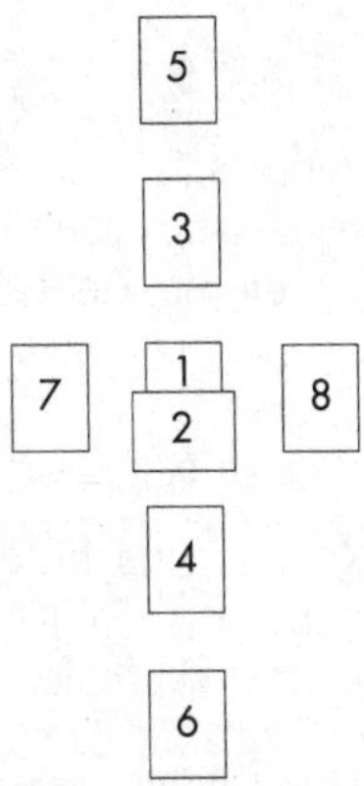

Abbildung 3: Wahrsage-Legetechnik, um den Fortschritt Ihres Zaubers einzuschätzen

2

Die zweite Karte zeigt den Einfluss, den Ihr Zauber zur Zeit auf Ihr Ziel ausübt. Wenn sich diese Karte in Harmonie mit der ersten befindet, bewegen sich die Dinge reibungslos in die von Ihnen gewünschte Richtung. Wenn sie zu Karte 1 im Widerspruch zu stehen scheint, dann stehen wahrscheinlich auch Ihrem Zauber Hindernisse im Weg.

3

Diese Karte unterstützt Sie dabei, sich auf den offensichtlichen Fortschritt des Zaubers zu konzentrieren, auf die Dinge, die Sie um sich herum sehen und hören und die Sie versuchen einzusetzen, um Ihren Fortschritt einzuschätzen. Diese Karte sollte das verdeutlichen, sodass Sie die Dinge sehen können, wie sie wirklich sind und nicht, wie Sie sie gerne hätten.

4

Die vierte Karte steht für den verborgenen Fortschritt, den Ihr Zauber macht, für die Dinge, die Sie nicht täglich sehen und hören können. Sie sollte Ihnen den ersten Hinweis darauf geben, ob Sie anfangen Erfolg zu haben.

5

Der aktuelle Trend Ihres Zaubers, die Richtung, in die er sich genau in diesem Moment bewegt, wird von dieser Karte gezeigt. Sie berücksichtigt alle Faktoren, die Ihr Ziel beeinflussen, einschließlich Ihres Zaubers.

6

Die sechste Karte bringt Kräfte ans Licht, die eventuell gegen Ihren Zauber arbeiten. Das können andere Leute sein, andere freie Willen oder sogar Ihre mangelnde innere Verpflichtung gegenüber dem Ziel. Deuten Sie diese Karte sehr sorgfältig, damit Sie entscheiden können, wie Sie die Hindernisse am besten überwinden.

7

Dies ist die erste der zwei Ergebniskarten. Sie zeigt Ihnen, was in Bezug auf Ihren Zauber in sehr naher Zukunft unter Berücksichtigung aller Energien, die sich augenblicklich in Bewegung befinden, passieren wird. Erinnern Sie sich, dass diese Energien verändert und beeinflusst werden können – durch Korrekturen Ihres Zaubers oder durch das, was andere wünschen, dass passieren soll. Wichtig: Die Zukunft ist nie in Stein gemeißelt, sondern sie ist formbar wie Wasser!

8

Karte 8 ist die zweite der Ergebniskarten. Sie zeigt Ihnen das letztendliche Resultat Ihres Zaubers basierend auf all den Energiebewegungen, die diesen augenblicklich umgeben. Wenn Ihnen nicht gefällt, was Sie sehen, sollten Sie intensiver an dem Zauber arbeiten oder diesen abändern, um die Hindernisse zu überwinden, die Sie erkannt haben.

Wahrsagetechnik zur Einschätzung der Entwicklung von Gefühlen

Diese Legetechnik ist bekannt als Brighids-Kreuz, dem vierarmigen Symbol der irischen Muttergöttin. Sein Zweck ist, Ihnen dabei zu helfen, die Entwicklung von Gefühlen abzuwägen, die Ihnen jemand entgegenbringt. Mit anderen Worten, sie sollte von der Vergangenheit über die Gegenwart in die Zukunft die emotionalen Veränderungen der betreffenden Person zeigen. Legen Sie Ihre Karten oder Steine entsprechend dem Muster in Abbildung 4 aus und interpretieren Sie diese folgendermaßen.

1

Diese Karte zeigt Ihnen das zentrale Gefühl, das die Person, die Sie begehren, für Sie genau in diesem Moment empfindet.

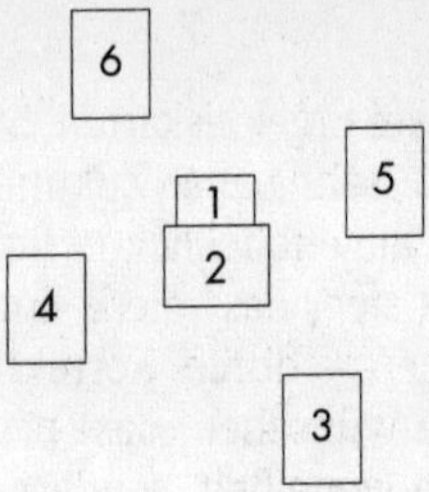

Abbildung 4: Wahrsage-Legetechnik, um die Entwicklung von Gefühlen einzuschätzen

2

Die zweite Karte zeigt die Energie Ihres Zaubers und wie diese im Moment die Gefühle Ihres Wunschpartners beeinflusst.

3

Die Gefühle, die Ihr Wunschpartner für Sie hatte, als Sie sich zum ersten Mal begegnet sind, werden von dieser Karte dargestellt.

4

Die vierte Karte weist auf die Gefühle hin, die der begehrte Partner vor kurzem für Sie empfunden hat.

5

Diese Karte stellt die Gefühle dar, die in diesem speziellen Augenblick von Seiten des begehrten Partners am Entstehen sind. Wie sie sich weiterhin offenbaren werden, hängt von vielen Faktoren, einschließlich Ihrem Zauber, ab.

6

Die sechste Karte zeigt die Gefühle, die Ihr Wunschpartner in der nahen Zukunft für Sie haben wird, auf der Grundlage aller Energiemuster, die sich augenblicklich im Spiel befinden. Nochmal: Vergessen Sie nicht, dass die Zukunft kein festes Gebilde ist, sondern etwas, das wir uns erschaffen. Wenn Ihnen nicht gefällt, was Sie sehen, arbeiten Sie nun in beiden Welten – der realen und der magischen –, um das zu ändern.

Liebeszeichen, die der gesunde Menschenverstand erkennt

Das „Tun-sie's-oder-tun-sie's-nicht"-Spielchen ist schon sehr alt, voller Frustrationen und Intrigen – und immer wieder einen Flirt wert. Für Menschen, die mit Magie arbeiten, ist es auch ein Instrument, das wir in Verbindung mit unserer Magie verwenden, um unseren Fortschritt abzuwägen.

Wenn Sie Ihre Augen und Ohren für subtile Hinweise bezüglich des Fortschritts Ihres Zaubers offen halten, so erfahren Sie auf diese Weise mindestens so viel wie mittels Wahrsagetechniken. Während jeder körpersprachliche Signale etwas anders interpretiert, können Ihnen die folgenden vier Bereiche generell eine Idee davon vermitteln, welche romantischen Gefühle Ihnen jemand entgegenbringt.

Das Augen-Spiel

In den meisten westlichen Kulturen wird einem beigebracht, sich bei langem Augenkontakt unwohl zu fühlen. Wenn sich zwei Menschen für länger als ein oder zwei Sekunden direkt in die Augen blicken, erscheint uns dies seltsam und signalisiert jedem Beobachter, dass zwischen den beiden eine sexuelle Nähe besteht.

Wenn Sie sich umsehen und Ihren Wunschpartner immer wieder dabei ertappen, dass er sie direkt anschaut oder sich Ihrer beider Blicke treffen und seine Augen für ein oder zwei Momente länger auf den Ihren ruhen, als dies normal ist bei zwei Menschen, die keine intime Beziehung haben, dann können Sie davon ausgehen, dass sich dieser Mensch für Sie interessiert. Sie können im Gegenzug Ihr eigenes Interesse ganz einfach signalisieren, indem Sie wiederum seine Augen suchen und Ihren Blick etwas länger als normalerweise üblich aufrechterhalten.

Was gesagt wurde

Etwa von unserem zwölften Lebensjahr an versuchen wir über Dritte herauszufinden, was jemand, in den wir verliebt sind, über uns gesagt hat. Wenn Sie einen guten Freund haben, der sich mit Ihnen verbündet, um Informationen herauszubekommen, so ist dies ideal. Wenn nicht, sollten Sie die Ohren bei gesellschaftlichen Anlässen offen halten. Die Leute reden und manchmal wird etwas weitergegeben, was Ihr begehrter Partner über Sie gesagt hat.

Aussagekräftig ist auch, was der oder die von Ihnen Begehrte zu Ihnen selbst gesagt hat. Wortspiele sind oft sehr schwer zu interpretieren und viele Leute verbringen Stunden damit, über vergangene Unterhaltungen nachzugrübeln, um versteckte Botschaften daraus zu entnehmen. In dieser Beziehung haben Liebende gleichen Geschlechts einen Vorteil – Männer und Frauen müssen sehr vorsichtig sein. In den letzten Jahren wurden genug Leitfäden aufgelegt, die sich mit den extremen Sprachbarrieren zwischen den Geschlechtern beschäftigen, um jedermann bewusst zu machen, wie unterschiedlich wir Sprache gebrauchen und wie leicht es ist, falsch zu deuten, was gesagt wurde – selbst zwischen langjährigen Partnern. Die beste Möglichkeit, um einzuschätzen, was gesagt wurde, ist es, das Gesagte für den Moment für bare Münze zu nehmen.

Was nicht gesagt wurde

Wir sind uns alle bewusst, dass es oft zu den schwersten Übungen gehört, unsere wahren Gefühle gegenüber der Person zu offenbaren, die wir uns so sehnlichst in unserem Leben wünschen. Die Gründe dafür liegen vor allem in unseren Versagensängsten und darin, dass wir, wenn wir verliebt sind, gerne Dummheiten begehen – eine Tatsache, die einen verrückt machen könnte. Wenn Ihnen gegenüber jemand sehr verschlossen zu sein scheint, ohne dass es hierfür einen offensichtlichen Grund gäbe, so kann das daran liegen, dass es dieser Person in Ihrer Gegenwart einfach die Sprache verschlägt, weil sie Sie so gerne hat.

Was getan wurde

Ein dreifaches Hoch auf den Menschen, der uns zum ersten Mal gesagt hat, dass Taten mehr sagen als Worte! Körpersprache ist einer der besten Wege, um nonverbale Signale zu lesen, und hier scheint das weibliche Geschlecht gegenüber den Männern im Vorteil zu sein. Laut mindestens einem bekannten Beziehungsexperten scheinen Frauen eher in der Lage, diese subtilen Hinweise zu lesen, als ihre männlichen Pendants. Wenn Sie dies anzweifeln, blicken Sie einmal um sich, wenn Sie das nächste Mal mit jemandem in einem überfüllten Raum flirten. Die Männer um Sie herum werden Ihnen wahrscheinlich wenig Aufmerksamkeit schenken, aber Sie werden feststellen, dass hinter langen Wimpern einige Paare Frauenaugen ganz genau registrieren, was vor sich geht. Das ist oft alles, was Frauen tun, und sie sind gut darin.

Ein Mann muss es dabei mit seiner Gestik nicht übertreiben, wenn er einer Frau zu verstehen zu gibt, was er empfindet. Einfache, unaufdringliche Berührungen an Armen oder Händen, Händchenhalten oder sich beim Sprechen nach vorne lehnen sind alles Signale, die vom anderen Geschlecht als positiv eingestuft werden. Andererseits haben Frauen häufig das Gefühl, mit ihrer Körpersprache zu weit gegangen zu sein, um einen Mann auf sich aufmerksam zu machen. Dabei wird diese wahrscheinlich nur von anderen Frauen als übertrieben wahrgenommen. Sie gehen nach Hause und ereifern sich über die Begriffsstutzigkeit der Männer und können sich nicht vorstellen, was sie falsch gemacht haben, wenn ihr einziger Fehler darin bestand, dass sie nicht alle Trümpfe ausgespielt haben.

Die wichtigste Botschaft dieses Kapitels ist, dass jeder Zauber oder Wahrsage-Prozess am besten funktioniert, wenn Sie ihn mit Ihrem gesunden Menschenverstand kombinieren. Erlauben Sie es den fünf Sinnen – Sehsinn, Tastsinn, Geruchssinn, Geschmacksinn, Gehörsinn –, sowohl mit Ihren rationalen Gedankenprozessen als auch Ihrem geistigen sechsten Sinn zusammenzuarbeiten, um Ihnen zu helfen, eine genaue Einschätzung über den Stand Ihres Liebeszaubers zu bekommen.

Bedenken Sie ebenfalls, dass Emotionen ein schnell wechselnder Schauplatz sind. Sie sind nicht statisch – sie sind so wechselhaft wie der Wind. Um den Fortschritt Ihres Liebeszaubers verfolgen zu können, müssen Sie die Deutungstechniken regelmäßig anwenden (ich empfehle wöchentlich). Dann können Sie die Gefühlsveränderungen bewerten und Ihre Zauber entsprechend ausfeilen.

Der Grimoire

Das Buch der Zauber und magischen Formeln

Grimoire ist ein Ausdruck aus dem Mittelalter, den man für ein Buch mit Zaubern und magischen Formeln verwendete. Der Ursprung des Wortes ist nicht genau bekannt, es stammt jedoch sehr wahrscheinlich von einem alten französischen Wort ab, das ausdrückt, dass etwas auf etwas anderes aufgedruckt wird. Ein Überbleibsel des Wortes findet sich noch im Namen der Stoffart „Moiré", die man im 19. Jahrundert als Wasserglanzseide bezeichnete. Moiré wird hergestellt, indem man auf Seide mit Wasser ein Wellenlinienmuster erzeugt, um eine neue Art von Stoff zu kreieren. Der Rest dieses Buches – bis auf den Anhang – ist ein ausgewählter Grimoire für Schönheit, Treue, Lust, Harmonie, Liebe und Romantik.

Durch die ganze Geschichte hinweg haben sich viele Volksbräuche um diese Omen, Zauber und Wahrsagetechniken angesammelt, jede Kultur hat etwas zu diesem kollektiven Katalog der Magie beigetragen. Einige dieser Zauber werden noch fast genauso angewendet wie vor hunderten von Jahren. Andere wurden für unsere Bedürfnisse aktualisiert, während wieder andere Neuschöpfungen sind, die auf festen magischen Prinzipien basieren. Sie alle können erfolgreich für Sie arbeiten, wenn Sie sich ernsthaft darum bemühen.

Denken Sie daran, dass ein Zauber auf dem Papier nur das Gerüst darstellt. Jeder der Zauber in diesem Grimoire kann auf Ihre speziellen Bedürfnisse zugeschnitten werden. Ein Zauber, mit dem man eine Romanze anzieht, kann abgewandelt werden, um eine neue platonische Freundschaft in Ihr Leben zu bringen. Aus einem manipulativen Zauber lässt sich ein nicht manipulativer machen. Zauber, die für Frauen geschrieben wurden, können neu formuliert werden, um von einem Mann verwendet zu werden, und die auf Männer abgestimmten können für Frauen abgeändert werden. Zutaten und Katalysatoren können ausgetauscht werden, sodass sie Ihren eigenen Geschmack und Ihre persönlichen Energiemuster und Bedürfnisse treffen. Die Zauber in diesem Buch sind Leitfäden, die so eingesetzt werden sollen, wie es am besten für Sie ist. Wenn Sie sich beim Austauschen eines Bestandteiles unsicher sind, schlagen Sie im Anhang dieses Buches über die Wirkungsweisen der verschiedenen Zutaten nach. Wenn Sie auf einen Zauber gestoßen sind, der Ihnen gut gefällt und den Sie gerne schnell wiederfinden möchten, schauen Sie im Inhaltsverzeichnis am Anfang nach.

Außerdem sollten Sie immer daran denken, dass ein Zauber, der Ihnen von einer anderen Quelle zur Verfügung gestellt wird – wie durch dieses Buch –, nicht als Vorschrift, sondern als Vorschlag verstanden werden sollte. Ein Zauber wirkt am besten, wenn er so zugeschnitten ist, dass Sie intuitiv das Gefühl haben, dass er genau richtig für Sie ist. Elemente aus verschiedenen Zaubern zu verbinden ist oft ein guter Weg, um mit der Zauberkunst etwas zu experimentieren und um die Energiemuster aufzubauen, die Sie benötigen, um das anzuziehen, wonach Sie sich sehnen. Ein Beispiel: Wenn Sie den magnetischen Wasserzauber zusammen mit dem verlockenden Aurazauber verwenden, so wäre dies eine sehr gute Kombination, da dann die magnetischen Wasser nicht nur eine Liebe in Ihr Leben bringen, sondern auch Ihre Aura magnetisieren werden. Sie können mit gutem Gefühl kombinieren, wenn das letztendliche Ziel beider Zauber dasselbe ist. Wenn sie auf ein und dasselbe Ergebnis hinarbeiten, müssen Sie auch nicht befürchten, dass sie Ihre Energien zerstreuen. Im Gegenteil, die Zauber werden wahrscheinlich harmonisch zusammenarbeiten und den Prozess der Manifestation beschleunigen.

Denken Sie daran, alle Grundfertigkeiten der Magie – wie in Kapitel 3 beschrieben – einzusetzen, wenn Sie Ihre Zauber ausführen. Gesten, Worte und Utensilien alleine sind nicht genug, um Ihr Ziel in die Tat umzusetzen. Ein erfolgreicher Zauber erfordert geistig gereinigte Instrumente, eine starke Vorstellungskraft, richtig aufgeladene Katalysatoren und einen festen Entschluss, hart für das zu arbeiten, was Sie wollen, und zwar auf allen Ebenen Ihres Seins. Niemand hat behauptet, dass es einfach sein würde. Wäre es das, wären wir alle bildschön, reich und würden von jedermann bewundert.

Um Ihnen die Auswahl der Zauber, die Ihren Bedürfnissen und Zielen entsprechen, etwas zu erleichtern, ist jedem Zauber eine Information über dessen Bedeutung vorangestellt, die Ihre Suche eingrenzen wird. Zu jedem Zauber erhalten Sie allgemeine Richtlinien bezüglich des besten astrologischen Zeitpunktes, der Anzahl der erforderlichen Utensilien, des Zeitaufwands und ob es sich um einen manipulativen oder nicht manipulativen Zauber handelt. Vergessen Sie nicht, dass alle diese Variablen veränder- und anpassbar sind, wenn Sie sich die Zeit nehmen vorauszuplanen. Diese Information ist lediglich eine Richtschnur, die Ihnen die Entscheidung erleichtern soll, welcher Zauber am besten zu Ihren Bedürfnissen und Ihrem Fertigkeitenniveau passt. Zum Beispiel, je mehr Utensilien Sie zur Hand haben müssen und je länger es dauert, um den Zauber durchzuarbeiten, um so besser müssen Ihre Visualisierungs- und Konzentrationsfertigkeiten sein.

Aber am wichtigsten ist, dass Sie Spaß an Ihren Zaubern haben. Selbst die ernsthafteste Magie reagiert am besten auf einen freudvollen Magier. Bleiben Sie positiv und offen für neue Menschen, die in Ihr Leben treten, und die Schätze aller Arten von Liebe können Ihnen gehören.

Die magnetischen Wasser der Anziehung

Charakteristik: Nicht manipulativ
Anzahl der Utensilien: 3+
Zeitrahmen: 30 Minuten für die erstmalige Ausführung; Mischen und Laden der Wasser braucht nur einmal zu erfolgen, die Wasser sollten jedoch jedes Mal bei Bedarf mit neuer Visualisierung auf die Haut aufgetragen werden
Bester Zeitpunkt: Neumond oder zunehmender Mond; Freitag

Dieser Zauber dient dazu, romantische Aufmerksamkeit anzuziehen. Hierfür benötigen Sie eine Glasflasche mit dicht schließendem Deckel – am besten eine schöne Flasche, die Sie auf dem Frisiertisch oder dem Nachttisch stehen lassen können, damit diese Sie an Ihr Ziel erinnert. Bunte Glasgefäße mit Gummidichtung und Metall-Schnappverschlüssen findet man in vielen Heimwerkerläden oder Drogerien. Die Farbe des Gefäßes kann das Energiemuster des Zaubers beeinflussen.

Farb-Entsprechung

Grün: um Schönheit oder Fruchtbarkeit zu verstärken
Braun: um Sinnlichkeit zu verstärken
Rot: um Lust und sexuelle Leidenschaft zu verstärken
Pink: um romantische Liebe zu verstärken
Blau: um Treue zu verstärken
Weiß: um spirituelle Aspekte der Liebe zu verstärken
Orange: um Qualitäten der Freundschaft zu verstärken

Wenn Sie mit der Glasflasche zu Hause angekommen sind, spülen Sie diese mit kaltem Wasser aus. Stellen Sie sich dabei vor, wie alle früheren energetischen Programmierungen ausgewaschen werden und Ihre eigene Energie hineinfließt. Sie möchten, dass die Flasche eine Erweiterung Ihres Wunsches ist, und nicht des Wunsches des Arbeiters, der diese hergestellt hat. Nehmen Sie das Glasgefäß mindestens einmal pro Tag in die Hand, bis Sie den Zauber zu wirken beginnen, um die Verbindung zu Ihrem persönlichen Energiemuster zu verstärken.

Außer dem Glasgefäß benötigen Sie einen Magneteisenstein oder Magneten. Diese können Sie in Handwerksgeschäften, Edelstein- oder Okkult-Läden finden. Eine Kerze (siehe obige Farbkorrespondenzen, um die richtige Wahl zu treffen) und Streichhölzer werden ebenfalls gebraucht. Wahlweise können für diesen Zauber noch folgende Zutaten verwendet werden: flüssiges Drachenblut, Jasminöl, Rosmarinnadeln, Schafgarbe oder Schwertlilienpulver.

In einer Neumondphase oder bei zunehmendem Mond verbringen Sie tagsüber so viel Zeit wie möglich mit dem Magneteisenstein oder Magneten. Berühren Sie ihn, hauchen Sie ihn an und tragen Sie ihn bei sich, damit er so viel persönliche Energie wie möglich von Ihnen aufsaugt. Wann immer Sie können, sollten Sie ihn in der Hand halten, während Sie Gedanken an Ihr Ziel in ihn hineinprojizieren. Dieser Prozess ist als Visualisierung bekannt und diese ist essenziell für erfolgreiche Magie – seien Sie hier also nicht zu zurückhaltend. Sie wollen, dass der Magnet als Katalysator programmiert wird, um romantische Aufmerksamkeit in Ihre Richtung zu ziehen.

Nach Sonnenuntergang nehmen Sie alle notwendigen Utensilien und begeben sich an ein Waschbecken, einen Brunnen, See oder zu irgendeiner anderen Wasserquelle und entzünden die Kerze. Legen

Sie allen Schmuck von Ihren Händen und Handgelenken ab und waschen Sie jegliche Energie, die nicht in Harmonie mit Ihrem magischen Ziel ist, von Ihren Händen ab.

Nehmen Sie den Magneteisenstein oder Magneten und halten Sie diesen fest zwischen Ihren Händen, übertragen Sie auf ihn nochmal Ihren Wunsch, romantische Aufmerksamkeit zu erwecken. Um Ihre Gedanken zu festigen, hilft es, die Erklärung laut auszusprechen. Wenn Sie das Gefühl haben, dies ausreichend getan zu haben, lassen Sie den Magneteisenstein in das noch leere Glasgefäß fallen.

Halten Sie Ihre gewölbten Handflächen aneinander und tauchen Sie diese ins Wasser. Wasser ist das Element, das mit Mysterium, Gefühl und Liebe in Verbindung gebracht wird. Visualisieren Sie das Wasser, das Sie mit Ihren Händen aufnehmen, als Leiter für Romantik. Hauchen Sie in das Wasser, während Sie sich vorstellen, wie Sie Ihren Willen hineinprojizieren und schütten Sie mit Ihren Händen das Wasser in das Glasgefäß über den Magneteisenstein oder Magneten. Fahren Sie damit fort, bis das Glas zu drei Vierteln gefüllt ist.

Sie können einige Tropfen Drachenblut oder Jasminöl oder einige Kräuter hinzufügen, um das Ziel Ihres Zaubers zusätzlich zu verstärken. Wenn Ihnen keines der Kräuter in diesem Zauber zusagt, schlagen Sie für Alternativen im Anhang dieses Buches nach. Gehen Sie aber sicher, dass Sie die Kräuter richtig mit der Energie Ihres Zieles aufgeladen haben, bevor Sie diese beigeben.

Damit die magnetischen Wasser ihre Wirkung für Sie entfalten, betupfen Sie damit Ihre nackte Haut, bevor Sie an einen Ort gehen, wo Sie einen potenziellen Liebespartner treffen könnten. Wenn Sie es auftragen, müssen Sie Ihr Ziel klar vor Augen haben. Auch hier kann es hilfreich sein, dass Sie Ihr Ziel näher beschreiben. Versuchen Sie etwa Folgendes aufzusagen:

Wasser des Gefühls, Wasser der Kraft,
dies ist die Nacht, dies ist die Stund,
in der eine besondere Romanze beginnt.
Führe zu mir seine (ihre) Augen, führe zu mir sein (ihr) Herz.

Der Zauber kann abgeändert werden, um neue Freundschaften anzuziehen, wenn Sie Orange und Blau anstelle der romatisch orientierten Pink-, Rot- und Lavendeltöne einsetzen. Ich habe selbst mit diesem Zauber gearbeitet und konnte feststellen, wie stark er ist, wenn er korrekt ausgeführt wird. Lassen Sie sich jedoch nicht dazu verleiten ihn einzusetzen, um hochgradig sexuelle Aufmerksamkeit auf sich zu lenken.

Wenn Sie eine falsche Art von Aufmerksamkeit auf sich ziehen, setzen Sie sich damit gefährlichen Situationen aus.

Das Träum-von-mir-Philtrum

Charakteristik: Nicht manipulativ; die Person, der Sie den Liebestrank geben, muss diesen entsprechend Ihrer Anweisung verwenden
Utensilien: 2+
Zeitrahmen: 30 Minuten für die erstmalige Ausführung
Bester Zeitpunkt: Neumond oder Vollmond; Montag

Philtren sind kleine Glasfläschchen mit Gemischen aus Ölen oder Wassern, die im Mittelalter als magische Hilfsmittel sehr beliebt waren, aber auch schon im Altertum Verwendung fanden. Sie stehen in enger Verbindung mit romantischer Sexualität, irrationaler Leidenschaft und erotischen Träumen. Das Wort „Philtrum" stammt vom griechischen *philtron* ab, was so viel bedeutet wie „zu lieben". Ein beunruhigendes, aber recht bekanntes Gemälde des Anglo-Schweizers Johann Heinrich Füessli (1741–1825) mit dem Titel *Der Albtraum* veranschaulicht diese dunkle, aber mächtige Energie. Es zeigt eine junge Frau, die sich auf ihrem Bett unter offensichtlichen Qualen windet. Ein offenes Fläschchen mit einem Liebestrank steht noch auf ihrem Nachttisch, während ein Pferdekopf, ein archetypisches Symbol für sexuelle Energie, lüstern durch die Bettvorhänge späht.

Ein anderes berühmtes Philtrum taucht in der keltischen Mythologie auf, und zwar in der tragischen Liebesgeschichte von Tristan und Isolde. Isolde, die Tochter eines irischen Monarchen, war König Mark von Cornwall versprochen. Wie die meisten jungen Frauen hatte sie jedoch ihren eigenen Kopf und war nicht daran interessiert, die Frau eines Königs in einem entfernten Land zu werden, den sie noch nie zu Gesicht bekommen hatte. Um ihre Tochter in der Verbindung glücklich zu machen, braute Isoldes Mutter ein starkes Philtrum, das sie einer Zofe anvertraute, die es in der Hochzeitsnacht ihrer Tochter zu trinken geben sollte. Durch Zufall kam Isolde jedoch auf ihrer Reise in Besitz des magischen Gebräus und verliebte sich unsterblich in Tristan, den Neffen des Königs, der den Auftrag hatte, sie sicher nach Cornwall zu bringen.

Man kann einer Einnahme von Philtren vorbeugen, indem man sie aus leicht parfümiertem Wasser oder aus Essig herstellt. Am wirkungsvollsten jedoch sind solche aus ätherischen Ölen, mit denen man Schlüsselpunkte auf der Haut einreibt. Hierauf ist es auch zurückzuführen, dass wir Parfüm verwenden, wenn wir auf jemanden anziehend wirken wollen, und auch heute noch folgen wir der alten Tradition Parfüm auf die Pulspunkte, zwischen den Brüsten und im Nacken aufzutragen – alles bekanntermaßen erogene Zonen.

Um Ihr Philtrum herzustellen, suchen Sie sich ein kleines rotes oder durchsichtiges Glasfläschchen aus und reinigen Sie dies geistig. Füllen Sie es zur Hälfte bis höchstens zu drei Vierteln mit einem neutral duftenden Basisöl wie Oliven-, Saflor- oder Mandelöl voll. Diesem Basisöl geben Sie jeweils drei Tropfen von Ölen, die die Liebesbeziehungen fördern, bei – wie Rose, Gartenwicke, Apfelblüte oder Geißblatt. Mit zerstoßenen Kräutern kann das Basisöl parfümiert werden. Sie können drei Tropfen von nur einem Duft verwenden oder zwei von einem und einen von einem anderen oder jeweils einen Tropfen von drei verschiedenen Düften. Verwenden Sie jedoch nicht mehr als drei Tropfen. Das Endprodukt sollten Sie als angenehm duftend empfinden, aber der Duft muss dezent bleiben. Das Philtrum bekommt seine Kraft durch Ihren magischen Willen – die Öle sind lediglich Katalysatoren für diesen Willen. Vergewissern Sie sich, dass Sie nicht allergisch gegen eines der gewählten Öle sind und dass diese auch auf andere Art Ihre Haut nicht reizen. Viele ätherische Öle rufen Hautreizungen hervor – und Juckreiz und Ausschlag sind alles andere als romantisch. Sie können ein oder zwei Tage, bevor Sie Ihren Liebestrank herstellen, einen Verträglichkeitstest mit den Ölen auf der Innenseite Ihres Unterarmes machen – nur um sicher zu gehen, dass diese keine unerwünschten Reaktionen hervorrufen.

Wenn das Philtrum fertig ist und seiner Aufgabe geweiht wurde, schenken Sie es der Person, die von Ihnen träumen soll, mit der Anweisung, etwas von der Mischung auf Stirn und Schläfen aufzutragen, bevor sie zu Bett geht.

Verlieb dich jetzt in mich

Charakteristik: Nicht manipulativ
Anzahl der Utensilien: 3+
Zeitrahmen: 30 Minuten für die erstmalige Ausführung
Bester Zeitpunkt: Zunehmender Mond oder Vollmond; Montag oder Freitag

Eine Variation des vorherigen Zaubers ist, das Philtrum selbst aufzutragen, um eine neue Liebe anzuziehen. Schlagen Sie im Anhang nach, um Öle und Kräuter zu finden, die bekannt dafür sind, Liebe und leidenschaftliche Affären anzuziehen. Mischen Sie das Philtrum mit diesen Gedanken und tragen Sie den Duft auf, bevor Sie ausgehen und Leute treffen, unter denen Sie möglicherweise eine neue Liebe finden.

Sag mir die Wahrheit

Charakteristik: Nicht manipulativ
Anzahl der Utensilien: 2
Zeitrahmen: 30 Minuten für die erstmalige Ausführung
Bester Zeitpunkt: Dunkler Mond; Samstag

Eine weitere interessante Variante des Träum-von-mir-Philtrums ist dazu gedacht, die Wahrheit in einer Situation aufzudecken. Primeln wurden lange Zeit mit der Energie eines ehrlichen Geständnisses assoziiert. Im westeuropäischen Volksglauben heißt es, dass sich das Feenvolk auf dem Land damit amüsiert, mit solchen Hilfsmitteln die Menschen dazu zu bringen, ehrlich zueinander zu sein.

Primeln sind ein blühendes Kraut, das vielen Feen in westeuropäischen Legenden geweiht ist. Man verwendet sowohl die lebende Pflanze als auch die getrocknete sowie deren Öl. Geben Sie Primeln in ein Philtrum, um die Wahrheit darüber herauszufinden, was eine Person Ihnen gegenüber fühlt, oder tragen Sie es selbst, um Leuten, mit denen Sie sich unterhalten, die Wahrheit zu entlocken.

Schön wie der Morgentau

Charakteristik: Nicht manipulativ
Anzahl der Utensilien: 1
Zeitrahmen: Eine Stunde
Bester Zeitpunkt: Der frühe Morgen; Freitag

Im keltischen Volksglauben heißt es, dass eine Frau, die am 1. Mai bei Tagesanbruch hinausgeht und ihr Gesicht mit den Tautropfen eines Weißdornbusches wäscht, unwiderstehlich schön wird. Am 1. Mai war ursprünglich das alte keltische Beltane-Fest, das mit Sexualität und Paarungsriten in Verbindung gebracht wurde. Sowohl Männer als auch Frauen wollten sich an diesem magischen Tag von ihrer besten Seite zeigen, um ihre Wunschpartner zu treffen. Von der legendären Verführerin aus den Artus-Sagen, Königin Guniver, wird behauptet, dass sie diese Praktiken gepflegt hat, was in Wort und Tanz in Lerners und Lowes Musical-Version der Camelot-Geschiche verewigt wurde. Ein altenglisches Kindergedicht gibt uns verlockende Hinweise auf dieses Brauchtum:

Die holde Maid, die am Tag des ersten Mais
auf die Felder geht, wenn sich der Tag erhebt,
und sich badet im Tau des Weißdorns,
für immer wird stark und wunderschön sein.

Wenn Sie in einer Gegend leben, in der es keine Weißdornbüsche gibt, holen Sie sich den Tau von einem Rosenbusch, einer Geißblattpflanze oder von den Blättern eines Baumes, der für Sie diese „Komm-hierher"-Energie besitzt. Wenn Sie damit nicht zufrieden sind, finden Sie in Anhang A weitere Vorschläge.

Intimität aussperren

Charakteristik: Manipulativ
Anzahl der Utensilien: 1+
Zeitrahmen: 30 Minuten
Bester Zeitpunkt: Abnehmender Mond; Mittwoch

Türschlösser gibt es mindestens seit 5 000 Jahren. Ägyptische und syrische Holzschlösser, komplett mit primitiven Schlüsseln, wurden in den Ruinen von Nineveh entdeckt. Seit ihre Verwendung im Mittelalter gebräuchlich wurde, haben sie in einer Vielzahl von Zaubern Verwendung gefunden und sind vor allem in Spanien, Italien, Griechenland und Algerien als magische Katalysatoren beliebt. Ein alte Legende aus dem Mittelmeerraum erzählt, dass wenn man den Namen eines Paares vier Mal in ein offenes Schloss hinein flüstert und dieses dann abschließt, alle Leidenschaft zwischen den beiden sterben wird.

Sollten Sie sich tatsächlich an einem so hässlichen Zauber versuchen wollen, bewahren Sie das Schloss versteckt und weit weg vom Schlüssel auf. Sollte das Schloss jemals geöffnet werden, wird alle Leidenschaft zwischen dem Paar zurückkehren und die negative Absicht des Zaubers wird sehr schnell auf Sie zurückfallen. Sie können versuchen, diesem unschönen Umstand zu entgehen, indem Sie den Schlüssel an einer Schnur befestigen und bei sich tragen.

Vier Treue-Garantien aus den Appalachen

Charakteristik: Manipulativ
Anzahl der Utensilien: 1
Zeitrahmen: Von ein paar Minuten bis zu einer ganzen Nacht
Bester Zeitpunkt: Jede Mondphase; Sonntag, Dienstag oder Donnerstag

Tief in den Bergen der südlichen Appalachen erfreuten sich Volkszauber, mit denen man sich seinen Partner treu halten konnte, großer Beliebtheit. Die meisten waren auf Frauen zugeschnitten, die sie bei ihren Ehemännern anwandten. Es gibt jedoch keinen Grund, warum Männer diese nicht ebenso erfolgreich bei ihren Ehefrauen anwenden können sollten. Bedenken Sie jedoch eines, bevor Sie es mit diesen Zaubern versuchen:

Ungeachtet jeglichen Eheversprechens, das sie einander gegeben haben mögen – der Versuch, Treue zu erzwingen, ist eine Vergewaltigung des freien Willens und gehört somit zur manipulativen Magie.

Laut der Überlieferung aus den Bergen sollen die folgenden Zauber das Auge Ihres Partners – und andere wichtige Teile – vom Wandern abhalten:

1. Legen Sie einen frischen Rosmarinzweig unter seinen Teller für das Abendessen, damit er jede Nacht wieder zu Ihnen nach Hause kommt. Sagen Sie ihm jedoch nicht, dass dieser sich dort befindet, sonst funktioniert der Zauber nicht.
2. Legen Sie eine Hand voll Gartenraute, Schlag Mitternacht bei Vollmond gepflückt, unter Ihre Matratze, um einen Mann davon abzuhalten, in anderen Betten zu schlafen.
3. Ein Mann, der besorgt ist, dass seine Frau an einem anderen Mann interessiert sein könnte, legt etwas getrockneten Beifuß unter ihre Matratzenseite. Beifuß wird mit Reisezaubern in Verbindung gebracht und dies ist ein einfacher Zauber, der sie immer zu ihm zurückkehren lässt. Sollten Sie keinen Beifuß haben, so die Überlieferung, können Sie diesen durch Asche aus einem Feuer, das sie entzündet hat, ersetzen.
4. Sowohl Männer als auch Frauen, die diese Sorge haben, nehmen einen Strang Efeu und wickeln ein Ende um das Handgelenk der schlafenden Partnerin oder des Partners und das andere um einen Bettpfosten oder um das eigene Handgelenk. Das bindet auf magische Weise die Treue dieses Menschen an Sie. Damit der Zauber wirkt, muss der Efeu ohne das Wissen der anderen Person vor Tagesanbruch entfernt werden.

Interessant ist noch, wie viele dieser Zauber und Omen in abgewandelter Form in das moderne Leben in den Bergen integriert wurden. Zum Beispiel: In einigen Regionen von Ländern, in denen Kohle abgebaut wird, glauben die Bergarbeiter, dass wenn das Licht am Schutzhelm eines Kumpels kurz nach Beginn seiner Schicht erlischt oder wenn der Aufzug, der ihn nach unten an seinen Arbeitsplatz befördert, auf einer Fahrt dreimal anhält, dies Zeichen dafür sind, dass seine Frau ihm untreu ist.

Hochzeitskuchen-Magie

Charakteristik: Nicht manipulativ
Anzahl der Utensilien: 3
Zeitrahmen: Anfangs 30 Minuten
Bester Zeitpunkt: Vollmond; Montag

Magie mit Getreideprodukten ist sehr alt. Brot als Symbol von Überfluss und Leben ist in fast jeder Kultur bekannt. Das Ernten, Dreschen und Einbringen des Getreides nahm rituelle Bedeutung an und wurde zu einem wichtigen Bestandteil von religiösen Bräuchen überall auf der Welt. Wenn dieses Getreide in einem Hochzeitskuchen verarbeitet wird, entsteht daraus ein Symbol für die Vereinigung zweier Menschen, die in einem Ritual ihre Liebe und gegenseitige Verpflichtung füreinander erklären – und dies ist ein starkes Hilfsmittel für Wahrsage-Magie.

Fast jeder hat schon einmal von dem Brauch gehört, ein Stück Hochzeitskuchen unter sein Kissen zu legen, um Träume von seinem eigenen Zukünftigen heraufzubeschwören. Wenn Sie das nächste Mal auf einer Hochzeitsfeier sind, auf der Sie eine oder mehrere Personen als potenzielle Liebespartner interessieren, versuchen Sie es doch einmal mit folgender Hochzeitskuchen-Variante:

Retten Sie einige Kuchenkrümel von dem Stück, das Sie gegessen haben, und sehen Sie zu, dass Sie ein paar davon auf die Teller der Personen verteilen können, auf die Sie ein Auge geworfen haben. Wenn es sich um mehr als eine Person handelt, müssen Sie die Teller sorgfältig kennzeichnen, damit Sie sich später noch erinnern können, wer wer ist. Zu Hause angekommen, nehmen Sie die Krümel und vermischen sie mit denen von Ihrem eigenen Teller. Auch hier gilt: Bei mehr als einer Person brauchen Sie für jeden eine extra Mischung. Fügen Sie dazu etwas getrockneten Beifuß oder Jasminöl bei. Beide Kräuter stehen mit prophetischen Träumen in Verbindung, was so viel bedeutet, wie dass sie Träume von zukünftigen Ergebnissen produzieren. Während Sie die starke Visualisierung Ihres Zieles, also die prophetischen Träume mit der betreffenden Person, aufrechterhalten, verschließen Sie die Krümel und Kräuter bzw. das Öl in einem kleinen Stoffbeutel. Wenn Sie keinen Stoffbeutel zur Hand haben, können Sie ein kleines Säckchen nähen, das auch als Charm oder Gris-Gris bezeichnet wird.

Zur Herstellung eines Charms benötigen Sie Ihr Kraut oder Öl, die vermischten Krümel, Nadel und Faden und ein kleines quadratisches Stück pinkfarbenen (für Romanzen) oder dunkelblauen (für Traumverzauberung) Stoff oder Filz. Das Stoffstück sollte etwa 7,5 cm breit und 15 cm lang sein, übereinander geschlagen ergibt es ein Quadrat.

Nähen Sie drei Seiten des Säckchens zusammen und lassen Sie die vierte offen (siehe Abbildung 5). Während Sie dies tun, lenken Sie die ganze Zeit Ihren Energieausstoß in Richtung des gewünschten Zieles. Dann stülpen Sie das Säckchen um, sodass die fertige Naht nach außen zeigt. Geben Sie nun die Kräuter bzw. das Öl und die Kuchenkrümel hinein und nähen Sie danach die obere Naht zu. Fertig zum Einsatz.

Düfte sind sehr starke Stimulierungsmittel für das Unterbewusstsein. Wir verbinden Menschen und Ereignisse ganz eng über unseren Geruchssinn miteinander, deshalb zahlt es sich aus, tagsüber viel

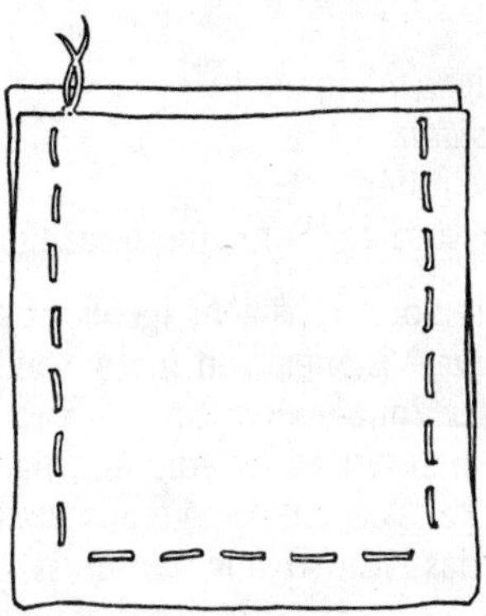

Abbildung 5: Traumkissen mit Nähten an drei Seiten, bevor die Innenseite nach außen gekehrt wird.

Zeit mit Ihrem Charmbeutel zu verbringen und sich zu versichern, dass Ihr Unterbewusstsein den Duft des Charmbeutels mit Ihrem Ziel in Verbindung bringt.

Legen Sie das fertige Säckchen drei Nächte in Folge unter Ihr Kissen und notieren Sie Ihre Eindrücke beim Aufwachen, vor allem wenn Sie sich Träume nicht besonders gut merken können. Wenn Sie mit der Energie von mehr als einer Person arbeiten, verbringen Sie jeweils drei Nächte mit je einem anderen Charm. Legen Sie nicht alle gleichzeitig unter Ihr Kissen, da es ansonsten zu einer Vermischung der Traumbilder kommen kann, was zu ungenauen Visionen führt.

Wenn Sie zu Bett gehen, denken Sie an Ihr Ziel. Es kann hilfreich sein, wenn Sie einen kleinen Vierzeiler, ähnlich dem folgenden, vor sich hinsingen, bis Sie einschlafen:

Beifuß (oder Jasmin) öffne den Vorhang weit,
erzähl die Geschichte und trenne Zeit von Zeit.
Für mich und (fügen Sie den Namen Ihres potenziellen Partners ein) eine Zukunft ich seh,
prophetische Träume kommt nun zu mir her.

Haar- und Spiegel-Wahrsagung

Charakteristik: Nicht manipulativ
Anzahl der Utensilien: 2
Zeitrahmen: 30 Minuten
Bester Zeitpunkt: Kurz vor Sonnenuntergang; Montag

Aus dem südlichen Teil des Appalachengebirges stammt ein weiterer Zauber, der Ihnen hilft, Visionen von Ihrem zukünftigen Partner zu haben. Obwohl dieser Zauber dem Brauch nach auf Frauen ausgerichtet ist, gibt es keinen Grund, warum ein Mann ihn nicht ebenso gut anwenden könnte. Die einzige Voraussetzung bei beiden Geschlechtern ist, dass das Haar so lang sein muss, dass es über die Augen reicht.

Etwa eine halbe Stunde vor Sonnenuntergang begeben Sie sich in einen abgedunkelten Raum, der nur von einer einzigen Kerze erhellt wird. Setzen Sie sich vor einen Spiegel und beginnen Sie, Ihr Haar rhythmisch über Ihr Gesicht zu bürsten, sodass es über Ihre Augen hängt. Machen Sie das mindestens 100 Mal. Zählen Sie selbst laut mit.

Das kann helfen, Ihr Bewusstsein in einen empfänglichen Zustand für Visionen zu versetzen. Machen Sie sich also keine Gedanken darüber, dass dieses „Einlullen" Ihren Bemühungen schaden könnte. Nach den 100 Streichen halten Sie ein und spähen durch den Vorhang Ihres Haares hindurch auf den Spiegel, um Bilder Ihres zukünftigen Partners zu sehen. Sollten sich die Visionen nicht unmittelbar einstellen, brauchen Sie sich deshalb keine Sorgen zu machen. Sitzen Sie einfach ganz ruhig da, den Blick auf den Spiegel gerichtet, und konzentrieren Sie sich auf das, was Sie sehen wollen. Seien Sie jedoch vorgewarnt – dieser Appalachenbrauch schreibt auch vor, das Ritual nie bis nach Sonnenuntergang andauern zu lassen, sonst werden die Bilder, die Sie zu sehen bekommen, Visionen Ihres eigenen Begräbnisses sein.

Der Reiz des Glamoury

Charakteristik: Manipulativ
Anzahl der Utensilien: 3+
Zeitrahmen: Etwa eine Stunde
Bester Zeitpunkt: Nach Einbruch der Dunkelheit; Freitag oder Sonntag; 1. Mai, 1. August, 1. November oder 1. Februar

Der als Sensation gepriesene Okkult-Film *The Craft* aus dem Jahre 1996 handelte von einem Zauber, der als „Glamour" bezeichnet wurde. Dieser Zauber erlaubte es einer der Hauptdarstellerinnen, ihre Erscheinung zu verändern, sodass sie in Gestalt von jemand anderem die sexuelle Aufmerksamkeit eines bestimmten Mannes auf sich ziehen konnte. Während Hollywood diese Transformation als zu einfach und für jeden erfahrenen Magier als zu offensichtlich darstellte, hat diese Art von Zauber ihre Wurzeln in der keltischen Magie.

Als die erste Welle der europäischen Stämme, die wir heute als die Kelten bezeichnen, in Irland (um 1500 v. Chr.) ankam – so erzählt die

Legende –, fanden sie die Insel bewohnt von einer göttlichen Rasse von Wesen, bekannt als die Tuatha de Danaan oder die Kinder der Göttin Dana. Die Tuatha waren wunderschöne Menschen, hellhäutig, groß, gut gebaut und ungemein attraktiv. Und was am verrücktesten war: Sie schienen in der Lage zu sein, ihre körperliche Gestalt willentlich zu verändern, sodass sie noch liebenswerter erschienen, um von ihren Eroberern das zu bekommen, was sie wollten.

Obwohl die Tuatha letztendlich ihre Schlacht um Irland verloren haben, sind sie nicht verschwunden oder vergessen. Anstatt ihr Heimatland zu verlassen, gingen die Tuatha in den Untergrund und wurden das geheimnisvolle Feenvolk des modernen Irland. Seit dieser Zeit gibt es eine Unzahl von Legenden im irischen Volkstum über Feenwesen in verführerischer Gestalt, die von Zeit zu Zeit aus ihren unterirdischen Städten hervorkommen, um glücklose Menschen in gefährliche Situationen zu führen. Dieser Prozess der Erschaffung einer Illusion von Schönheit ist bekannt als „Glamoury" und eine wenig bekannte, aber wirkungsvolle Form von keltischer Magie.

Um Ihre eigene Illusion von Glamoury zu schaffen, benötigen Sie einen Spiegel, auf den das Licht des Vollmondes gefallen ist, eine grüne und eine orangefarbene Kerze. Grün wird mit dem Planeten Venus in Verbindung gebracht, der für die persönliche Schönheit steht. Orange beinhaltet die Energie der Anziehungskraft und wird helfen, andere zu Ihnen zu ziehen. Wenn Sie sich mit Orange nicht wohl fühlen, können Sie es durch Rot ersetzen, was die Farbe der Leidenschaft ist und Ihnen helfen wird, Charisma und starke Energie auszustrahlen. Außerdem benötigen Sie etwas, das Sie als Talisman verwenden können, um den Zauber auszulösen. Eine Halskette oder ein Ring wären ideal, da diese jederzeit getragen werden können, ohne dass sie jemand für ein seltsames Accessoire halten würde.

Führen Sie diesen Zauber nachts aus, wenn die Dinge dem menschlichen Auge in der Regel etwas verzerrt erscheinen. Dieser Umstand wird die Glaubwürdigkeit der Gestaltverwandlung in Ihrem Unterbewusstsein stützen und den Prozess für Sie erleichtern. Es ist außerdem notwendig, dass Sie allein sind und dass es um Sie herum so dunkel wie möglich ist. Während Sie diesen Zauber ausführen, ist es hilfreich, wenn Sie nach Westen gewandt sind, da dies traditionell die Richtung des Aufenthaltsortes der Tuathas im irischen Jenseits ist.

Stellen Sie den Spiegel vor sich und die zwei brennenden Kerzen hinter sich, jede auf eine Seite, sodass die Kerzen mit dem Spiegel ein Dreieck mit Ihnen im Zentrum bilden. Das Kerzenlicht sollte sich nicht im Spiegel reflektieren. Ideal ist es, wenn schwaches Licht von hinten kommt, sodass Sie nur sich selbst auf der Oberfläche des Spiegels sehen. Ihr Gesicht wird etwas dunkel erscheinen, und es wird ein Ring von goldenem Licht um Ihren Kopf herum erstrahlen, der Ihre Züge noch geheimnisvoller wirken lässt, was genau den Umständen entspricht, in denen der Zauber am besten wirkt.

Halten Sie den gewählten Talisman in Händen, schließen Sie dabei die Augen und entspannen Sie sich vor dem Spiegel. Wenn Sie sich bereit fühlen, öffnen Sie Ihre Augen und blicken Sie zärtlich auf Ihr stummes Spiegelbild. Beginnen Sie sich vorzustellen, wie Ihr Bild die gewünschte Form annimmt. Wenn Sie auf Ihr Spiegelbild starren, dürfen Sie nicht erschrecken, wenn es sich zu bewegen scheint, während es neue Züge annimmt. Dies ist ein Zeichen, dass Ihr Zauber wirkt.

Versiegeln Sie den Glamoury-Zauber, indem Sie den Talisman auf Ihren Körper legen und einen sich reimenden Sprechgesang wiederholen.

Meiner Erfahrung nach kommt es recht selten vor, dass ein Autor von magischen Büchern in diesen seine eigenen Zauber ganz genau wiedergibt. Nicht nur dass gute Zauber zu stark auf die jeweilige Person ausgerichtet sind, um bei anderen in derselben Form ebenso gut wirken zu können, sondern auch weil eine leichte Abwandlung des Originals hilft, die Energie des Zaubers zu schützen. (Erinnern Sie sich an die Verschwiegenheitsregel der Magie!) Das Folgende ist der genaue Text eines Glamoury-Zaubers aus meinem eigenen Buch der Schatten, den ich Ihnen für Ihren persönlichen Gebrauch zur Verfügung stellen möchte. Ich verwendete ihn vor Jahren in einer unsicheren Lebensphase und musste feststellen, dass er eine starke Magie für mich auslöste. Da es mein eigener ist, ist er auch aus weiblicher Sicht geschrieben. Dies sollte jedoch die Männer nicht davon abhalten, ihn so abzuändern, dass er auf sie passt. Die Sprache ist an manchen Stellen sehr kraftvoll, was vielleicht nicht allen angenehm ist.

Ich habe an anderer Stelle schon einmal darauf hingewiesen, dass Zauber nur Gerüste sind. Zögern Sie deshalb nicht, sie zu verändern, anzupassen oder den Wortlaut bzw. die Bilder so zu modifizieren, dass sie Ihren Wünschen entsprechen. Wie bei allen magischen Worten der Kraft, sollten Sie diese sorgsam wählen, andernfalls erhalten Sie vielleicht ein Ergebnis, das Sie nicht wollen. Früher hatte ich einen Vierzeiler in diesem Zauber über das „jugendliche Gesicht“, aber anstatt jünger auszusehen, brach ein jugendlicher Akneausschlag in meinem Gesicht aus. Es dauerte zwei Wochen, bis ich realisierte, dass die Ursache im Wortlaut meines Zaubers lag. Als ich den Vierzeiler aus dem Zauber entfernt hatte, verschwanden auch die Symptome.

Aus dunklen Höhlen und tiefem Seenland,
Tuatha schlummernd, erhebt euch aus eurem Schlafe.
Manchmal hier, nun manchmal dort,
was ich will, ist das Gesicht, das ich habe.

Körper geschmeidig und stark, schlank und fest,
liebenswert am Tag, lustvoll in der Nacht,
unwiderstehlich für alle, die ihn sehen,
ziehe ich das Auge von dir zu mir her.

Schönheit, Charisma, Sexappeal,
alle Aufmerksamkeit gilt nur mir.
Perfekte Form und betörendes Gesicht,
mein Bild verliert die Grazie nicht.

Ich spuke durch die Gedanken und tanze durch den Verstand,
von denen, die ich mit meinem Lächeln band.
Betört sind sie alle von mir,
sehen, was ich will, dass sie sehen von mir.

Gesicht einer Göttin, die Augen entflammt,
den Kopf von goldener Mähne umrahmt.
Gezogen von einer Kraft, zu der ich die Schlüssel hab,
dieser Glamoury macht mich zu der, die ich sein mag.

Löschen und bedecken Sie die Kerzen, um deren Energie zu schützen, bis Sie den Zauber nochmal ausführen möchten. Sie können ihn so oft wiederholen, wie es notwendig ist, um das Bild zu verstärken. Ebenso sollten Sie Ihre Bemühungen in der physischen Welt unterstützen, indem Sie alles tun, was machbar ist, um sich selbst körperlich attraktiver zu machen. Der Zauber wird Ihren Wunsch, dies zu tun, verstärken.

Wann immer Sie dieses strahlende Bildnis Ihrer selbst der Welt zeigen wollen, tragen Sie den Talisman und wiederholen Sie die Vierzeiler. Nachdem Sie das getan haben, sollten Sie einen Energieausbruch aus dem Inneren an die Oberfläche kommen spüren. Genießen Sie ihn in der Gewissheit, dass Sie für alle, die Sie sehen, unwiderstehlich sind.

Lavendel blau, Lavendel grün

Charakteristik: Nicht manipulativ
Anzahl der Utensilien: 1-2
Zeitrahmen: Etwa 30 Minuten für die Anfangsarbeiten; die Zeit bis zur Manifestation kann sehr unterschiedlich sein
Bester Zeitpunkt: Bei Bedarf

Die Wurzeln eines alten englischen Volksliedes mit demselben Titel wie oben lassen sich bis zu den Feierlichkeiten zum 1. Mai aus vergangener Zeit zurückverfolgen, als junge Mädels und Burschen einander für einen Tag als König und Königin des verwunschenen Feenreiches bejubelten.

Wenn Sie sich fertig machen, um auszugehen und einen potenziellen Partner zu treffen, zünden Sie eine Lavendelkerze an. Das Abbrennen von Lanvendelkerzen kann eine einflussreiche Atmosphäre schaffen, um einen Liebespartner anzuziehen. Während Sie die Kerze entzünden, singen Sie Folgendes:

Lavendel blau, Lavendel grün,
alle Trübsal ging dahin,
gefunden hab ich meine Königin (oder meinen König).

Die Energie dieses Zaubers können Sie bei sich tragen, indem Sie einen Rosenquarz nehmen (oder einen einfachen Quarzkristall, wenn Sie keinen Rosenquarz haben) und diesen drei Mal durch die Flamme ziehen, damit er die Energie Ihres Zaubers aufnimmt. Legen Sie den Stein in Ihre Tasche oder in den Geldbeutel, wenn Sie ausgehen.

Eine verzehrende Leidenschaft

Charakteristik: Manipulativ
Anzahl der Utensilien: Unterschiedlich
Zeitrahmen: Unterschiedlich, aber in der Regel kann alles an einem Tag ausgeführt werden
Bester Zeitpunkt: Bei Bedarf, aber am besten am Sonntag oder Dienstag

Ein beliebtes Sprichwort Anfang des 20. Jahrhunderts war „Liebe geht durch den Magen". Heute erscheinen uns solche Behauptungen sehr naiv, obwohl das gemeinsame Essen schon immer als eine eng verbindende Sache betrachtet wurde, deren magisches Potenzial sich sowohl Weiblein als auch Männlein zu Nutze machen können.

Wenn Sie mit Ihrem anvisierten Liebespartner irgendwo hingehen, wo es etwas zu Essen gibt, oder wenn es passend erscheint, etwas Essbares zu verschenken, können Sie im Vorfeld etwas zubereiten, in das Sie die Energie der magischen Anziehungskraft hineinfließen lassen. Am besten funktioniert das mit Getreideprodukten, die mit Hefeteig hergestellt werden, wie Brot oder Kuchen, aber Plätzchen und andere Süßigkeiten gehen auch.

Bei der Zubereitung konzentrieren Sie Ihre Energie darauf, wie die Aufmerksamkeit der entsprechenden Person auf Sie gelenkt wird. Während der Hefeteig aufgeht, stellen Sie sich vor, dass ebenso dessen Liebe zu Ihnen aufgehen wird. Wenn Sie dazu noch einen von Ihnen selbst gereimten Zaubergesang zum Besten geben, kann dies helfen, Ihre Energie zu bündeln. Dieser Gesang wird auch der entscheidende Faktor sein, wenn es darum geht, wie manipulativ dieser Zauber sein soll. Sie können jede Zutat im Rezept verzaubern, sodass sie zu einem Katalysator wird, um jemanden zu Ihnen zu leiten. Sowohl Zimt als auch Ingwer sind für diese Zwecke geeignet und glücklicherweise sind beide häufig verwendete Zutaten in Süßspeisen.

Der einzige Haken an diesem Zauber ist, dass er vielleicht nicht einschlägt wie die sprichwörtliche Bombe und dass sich vielleicht viele Leute zu Ihnen hingezogen fühlen, deren Aufmerksamkeit Sie gar nicht wollen. Planen Sie also sorgfältig Art und Zeitpunkt der Anwendung.

Bindungszauber I

Charakteristik: Manipulativ
Anzahl der Utensilien: 6+
Zeitrahmen: Zwei Stunden für die erste Ausführung
Bester Zeitpunkt: Neumond oder Vollmond; Sonntag, Dienstag oder Samstag

Bindungszaubern haftet in der modernen Magie ein unheilvoller Ruf an, den sie jedoch nicht verdient haben. Zauber, die eine Person oder einen Gegenstand an etwas oder jemanden wortwörtlich binden, können viele positive Ziele verfolgen. Offensichtlich sind es jedoch nur die negativen, an die man sich erinnert. Zu diesem schlechten Ruf trägt die Tatsache bei, dass Bindungszauber – selbst die besten – sehr heikel sind. Ein altes magisches Sprichwort lehrt uns „So wie du bindest, wirst du gebunden". Dies bedeutet lediglich, dass sobald Sie sich auf der spirituellen Ebene mit Menschen und Dingen verbinden, Sie damit kosmische Kräfte in Bewegung setzen, die wiederum Auswirkungen auf Ihr eigenes Leben haben werden. Und es kann schwer sein, sich aus diesem Netz wieder herauszuziehen, wenn die Kräfte einmal in Bewegung gesetzt wurden.

Bindungszauber in Sachen Liebe und Treue sind seit dem Altertum in der Magie sehr beliebt. Sie sind ein großer Bestandteil des magischen Volkstums weltweit und der größte Teil davon ist mit Sicherheit manipulativ. Überlegen Sie also gut, ob dies der Pfad ist, den Sie beschreiten wollen. Die Endergebnisse sind nie die, die Sie sich erwarten.

Dieser erste Bindungszauber ist offenkundig manipulativer Natur, er kann jedoch in einen nicht manipulativen Zauber umgewandelt werden, indem Sie sich darauf konzentrieren, eine unbekannte besondere Person aus einem bestimmten Grund in Ihr Leben zu ziehen, anstatt sich auf jemanden zu fixieren, den Sie bereits kennen, der aber bisher auf Ihre Zauber nicht reagiert hat.

Für diesen Zauber benötigen Sie einen roten oder orangefarbenen Faden, ein Stück unliniertes weißes Papier, Kugelschreiber oder Textmarker, einige getrocknete Kräuter, die mit dem Anziehen von Liebe in Verbindung stehen (für Vorschläge siehe Anhang A), etwas flüssiges Drachenblut oder ein Öl, wie Jasmin- oder Rosmarinöl, und einige vorbereitete Worte der Kraft, die Ihr konkretes Ziel umreißen.

Auf dem Papier schreiben Sie Ihr Ziel nieder oder stellen es in Bildern dar. Wenn Sie Ihre Worte der Kraft bereits verfasst haben, können Sie diese ebenfalls verwenden. Das Blatt muss keinen Schönschriftwettbewerb gewinnen, da es später niemand mehr zu Gesicht bekommen wird, einschließlich Ihnen. Sein einziger Zweck besteht darin, in Worten und Bildern zusammenzufassen, was Sie wollen, und darin die Energie Ihres letztendlichen Zieles einfließen zu lassen. Wenn Sie das getan haben, bestreichen Sie jede Ecke des Papiers mit etwas Drachenblut oder Öl. Danach verbinden Sie diese mit Ihrem Finger im Uhrzeigersinn zu einem Kreis. Im Uhrzeigersinn ist in der Magie die Richtung, mit der Gewinn oder Zunahme assoziiert wird.

In die Mitte des Kreises streuen Sie die Kräuter, die Sie ausgewählt und mit Ihrem Ziel aufgeladen haben. Falten Sie das Papier sorgfältig zusammen, sodass die Kräuter in der Mitte verbleiben. Während Sie das tun, visualisieren Sie den neuen Talisman als einen mächtigen Katalysator, der nicht nur Ihre auserwählte Liebe anziehen, sondern diese auch an Sie binden wird.

Falten Sie das Papier so eng und klein wie möglich zusammen und verschnüren Sie es dann mit dem bunten Faden, um es zu versiegeln. Während Sie das tun, singen Sie Ihre Worte der Kraft. Die Worte der Kraft, die hier stehen, verkörpern die Kraft der Zahl Drei, indem der Name der begehrten Person drei Mal verwendet wird. Drei war in vielen alten Kulturen, einschließlich der der Kelten und Skandinavier, eine Zahl, die heilige Kraft ausdrückt.

Es ist schwer, diesen Zauber nicht manipulativ zu gestalten. Bindungszauber müssen von ihrer Natur her die Person, die sie ausführt, mit einem konkreten Gegenstand, einer bestimmten Person oder Idee verbinden. Versuchen Sie den Wortlaut so zu verändern, dass das Treffen der für Sie richtigen Person Gegenstand des Zaubers ist und nicht das An-sich-Binden eines bestimmten Menschen.

Mit diesem Zauber binde ich eine(n) Mann (Frau),
Herz und Körper, Seele und Geist.
Betört von mir für alle Zeit,
brennt tief seine (ihre) Leidenschaft für mich.

Ich jage durch seine (ihre) Gedanken und tanze durch seine (ihre) Träume,
ich bin alle Zeit in seinem (ihrem) Kopf.
Und jeden Tag kann er (sie) sie weniger verheimlichen,
seine (ihre) im Innern wachsenden Gefühle für mich.

Verliebtheit, Romantik, glühende Leidenschaft,
(fügen Sie den Namen der betreffenden Person ein) findet mich
(fügen Sie Ihren Namen ein) unwiderstehlich erregend.
Und er (sie) macht mir seine Gefühle bewusst,
und ich werde zu seiner (ihrer) neuen Liebe.

Wie zwei Motten von der Flamme angezogen werden,
soll keines unserer beider Leben jemals wieder das alte sein.
Lass ihn (sie) wissen, dass es keine Sünde ist,
(fügen Sie das exakte Ziel des Zaubers ein) soll beginnen.

(Fügen Sie den Namen der Person ein) findet mich immer in seinem (ihrem) Kopf,
und sehnt sich danach, mich zu seinem (ihrem) Bett zu führen.
In romantischen Fantasien betöre ich seinen (ihren) Geist,
in Liebe mit mir binde ich (fügen Sie den Namen der Person ein).

Der Birkenrinden-Rendezvous-Talisman

Charakteristik: Nicht manipulativ
Anzahl der Utensilien: 1
Zeitrahmen: Unterschiedlich, eine erste Ausführung kann jedoch in weniger als 30 Minuten erfolgen
Bester Zeitpunkt: Dienstag oder Freitag

Walisische Legenden erzählen von Liebenden, die sich unter Stelldichein-Birken trafen, und in den Pokono-Bergen in Ost-Pennsylvania lassen sich Frischvermählte auf Hochzeitsreisen-Fotos zwischen den weißen Ästen dieser kleinen Bäume ablichten. Ganz klar, dass die Birke mit romantischem Techtelmechtel assoziiert wird.

Um jemanden dazu zu bringen, ein solches Techtelmechtel mit Ihnen zu wollen, nehmen Sie etwas Birkenrinde, die Sie auf dem Boden gefunden haben. Vermeiden Sie es, diese direkt vom Baum abzuziehen. Sich auf diese Weise magische Katalysatoren zu beschaffen ist kontraproduktiv, da die Verletzung, die Sie dem lebenden Baum zufügen, das positive Ziel Ihrer Magie wieder aufhebt. Beschwören Sie dieses Birkenstück bei Vollmond als einen Talisman, der einen Liebespartner zu Ihnen führen wird. Die Rinde bewahren Sie dann in einer Tasche oder einem Geldbeutel auf, um diese romantischen Energiewellen auch weiterhin in Ihre Richtung fließen zu lassen.

Zucker verschütten

Charakteristik: Nicht manipulativ
Anzahl der Utensilien: 2
Zeitrahmen: Weniger als 30 Minuten für die erstmalige Ausführung, ein Ergebnis erfordert jedoch fortlaufende Bemühungen
Bester Zeitpunkt: Neumond; Mittwoch oder Freitag

Im Süden der Vereinigten Staaten bedeutet der umgangssprachliche Ausdruck „Zucker verschütten" so viel, wie jemandem schmeicheln. In den Südappalachen war das Verstreuen von Zucker über der Türschwelle eines Hauses ein beliebtes Zaubermittel, um Familienstreitigkeiten beizulegen.

Der Haken daran ist, dass Ihr Tun wahrscheinlich eine Armee hungriger Ameisen mit sich bringen wird. Wenn also Harmonie in Ihrem Heim Ihr Ziel ist, versuchen Sie es einmal damit: Stellen Sie Zucker, der zu diesem Zweck magisch aufgeladen wurde, in einem Glasgefäß an ein sonniges Fenster, damit er in Ihrem Sinne arbeiten möge.

Ein Gartenraute-Liebesphiltrum

Charakteristik: Manipulativ
Anzahl der Utensilien: 1+
Zeitrahmen: Einige Minuten
Bester Zeitpunkt: Jede Mondphase; Dienstag oder Freitag

Gartenraute ist ein beliebtes Kraut in der Liebesmagie, deshalb gab man ihm auch den Spitznamen „Brautkraut". Dies ist eine seltsame Entsprechung, die ihren Ursprung wahrscheinlich eher in der Magie der Gegensätzlichkeiten als in der der Ähnlichkeiten hat. Letzteres ist auch bekannt als Sympathiezauber und für moderne Magier wesentlich einfacher zu verstehen und anzuwenden.

Man sagt Folgendes: Wenn Sie es schaffen, nur eine kleine Prise Gartenraute einem Getränk beizumischen, das Ihre Angebetete/Ihr Angebeteter zu sich nehmen wird, und wenn ihr/sein Blick nach dem ersten und nach dem letzten Schluck als Erstes auf Sie fällt, dann wird dieser Mensch sich unsterblich in Sie verlieben. (*Achtung:* Gartenraute sollte nicht von Schwangeren konsumiert werden oder von Leuten, die blutverdünnende Mittel einnehmen!)

Die verlockende Aura

Charakteristik: Nicht manipulativ
Anzahl der Utensilien: Keine
Zeitrahmen: Zuerst eine Stunde; der Zauber muss jedoch jede Woche mindestens einmal wiederholt werden, damit er nicht an Kraft verliert
Bester Zeitpunkt: Am stärksten bei Vollmond, sollte dennoch wöchentlich ausgeführt werden; Sonntag, Dienstag oder Freitag

Dies ist ein Zauber ohne traditionelle magische Instrumente, bei dem Ihr ganzes Wesen zu einem Werkzeug, zum magischen Katalysator wird, der den Zauber auslöst. Manchmal haben sogar die erfahrensten Magie-Kundigen Schwierigkeiten mit Zaubern, die keine

Utensilien erfordern. Unsere Ausrüstung stellt etwas dar, auf das wir unsere Gedanken fixieren können, und ist eine Hilfe beim Lenken unserer Energien. Ohne sie haben wir deshalb manchmal das Gefühl, durch ein Energie-Wirrwarr zu irren. Magie ohne Instrumente kann zu den wirkungsvollsten Formen von Magie gehören und es ist mit Sicherheit eine der ältesten Formen von bewusster Magie. Es gibt dabei keine Barriere zwischen Ihnen und Ihrem innersten Selbst und die Woge der Kraft, die Sie auslösen können, ist unendlich.

Das Ziel dieses Zaubers ist es, aus Ihrer Aura, dem energetischen Ätherleib, der alle Lebewesen umgibt, einen einladenden Ort zu machen. Die normale Reichweite der Aura endet einige Zentimeter vom Körper entfernt. Wenn diese psychisch aufgeladen wird, wie dies der Fall ist, wenn Sie einen Zauber ausführen, vergrößert sie sich fast um das Dreifache (siehe Abbildungen 6 und 7). Durch diesen Zauber weiten Sie Ihre Aura nicht nur, sondern Sie lassen sie auch warm und einladend werden, sodass jemand, der sich Ihnen körperlich so weit nähert, dass er sie betritt, sich sehr wohl und behaglich fühlen wird und in Ihrer Nähe bleiben will.

Diese körperliche Nähe zu jemandem, den Sie gerade erst getroffen haben, ist das Gegenteil von dem, was den meisten Menschen im Westen über Körpernähe beigebracht wird. Wir werden gelehrt, ein ausgeprägtes Gefühl für unseren persönlichen Raum zu haben. Wenn andere Menschen nicht eine gewisse Distanz dazu einhalten, empfinden wir das als unangenehm.

Die Wirkung des Zaubers werden Sie daran feststellen, dass Leute während beiläufiger Unterhaltungen näher bei Ihnen stehen als normalerweise üblich.

Um mit diesem Zauber zu beginnen, suchen Sie sich einen Ort, an dem Sie für mindestens 30 Minuten ungestört sein können. Ziehen Sie sich soweit aus, wie es für Sie zweckmäßig und angenehm ist. Da Sie mit dem Energiefeld des Körpers arbeiten, kann Nacktheit helfen, ein Gespür für diesen Energiefluss zu entwickeln, vor allem, wenn Sie ein Neuling in Sachen Magie sind. Wenn Sie sich wohl fühlen, mit dem, was Sie noch anhaben, stellen Sie sich so auf, dass Sie die Richtung, in die Sie blicken, als angenehm empfinden. Stellen Sie Ihre Füße schulterbreit auseinander und halten Sie Ihre Hände nach unten am Körper entlang, die Handflächen zeigen nach

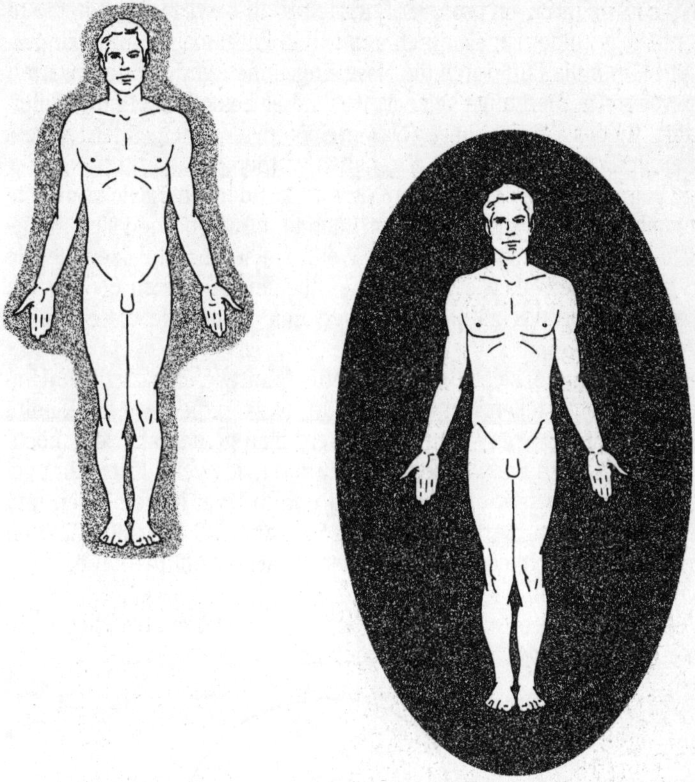

Abbildungen 6 und 7: Die normale Reichweite der menschlichen Aura, oben links; die Reichweite einer psychisch aufgeladenen Aura, unten rechts

vorne. Schließen Sie die Augen und lassen Sie die Energie durch tiefes Atmen durch Ihren Körper fließen.

Magische Atemtechniken sind eine Kunst für sich und in den europäischen und asiatischen Traditionen komplexe Fertigkeiten, die zu beherrschen Jahre dauert. Für die meisten von uns reicht es aus, durch die Nase ein- und durch den Mund auszuatmen, so ähnlich wie es Ihnen schon Ihr Aerobic-Lehrer erklärt hat. Der Grund dafür ist, dass dadurch ein positiver Energiefluss in Bewegung gesetzt wird und es gesünder ist, als durch den Mund zu schnauben und zu pusten. Wenn die Luft durch die Nase eingeatmet wird, ist sie erwärmt, bevor sie in die Lunge gelangt, was dieser besser bekommt. Außerdem wird sie durch unser Nasenreinigungssystem gefiltert, sodass Reizstoffe und Schadstoffe abgehalten werden.

Beim Atmen konzentrieren Sie sich auf den Energieleib, der Sie umgibt. Visualisieren Sie ihn vor Energie pulsierend und sich mit jedem Atemzug langsam weitend. Wenn Sie ausatmen, lassen Sie alle negativen Gedanken aus sich herausfließen. Inhalieren Sie nur die reine Energie des göttlichen Universums. Leiten Sie diese in Ihre Aura.

Beginnen Sie, sich Ihre vergrößerte Aura wie eine zärtliche Umarmung vorzustellen, ein wohliger Ort, willkommen wie ein Kaminfeuer in einer kalten Winternacht, dem man gerne nahe sein möchte. Visualisieren Sie, wie jeder, der in die Reichweite Ihrer Aura gelangt, plötzlich sehr entspannt wirkt und in Ihrer Nähe bleiben und Sie kennen lernen möchte. Fahren Sie damit 20 oder 30 Minuten lang fort und schließen Sie mit einer einfachen Affirmation darüber, was Ihre Aura nun für Sie tun wird.

Laden Sie Ihre Aura auf diese Art, bevor Sie irgendwohin gehen, wo Sie eine neue Liebe treffen könnten.

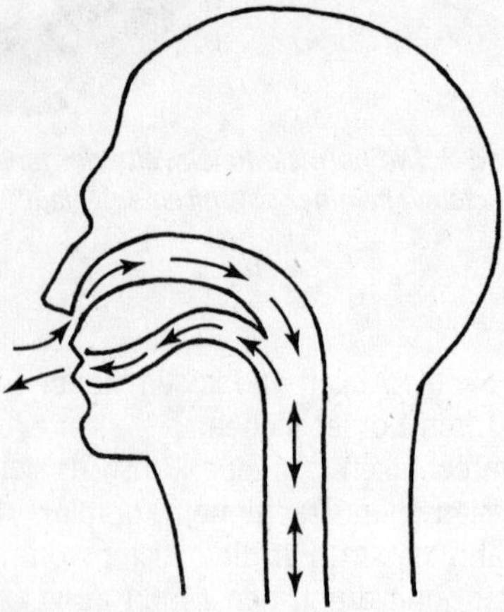

Abbildung 8: Der richtige Weg zur Tiefenatmung

Die Macht des Duftes beifügen

Charakteristik: Nicht manipulativ
Anzahl der Utensilien: 1
Zeitrahmen: Erstmalig etwa eine Stunde, der Zauber muss aber mindestens einmal in der Woche wiederholt werden, um nicht an Kraft zu verlieren
Bester Zeitpunkt: Am stärksten bei Vollmond, sollte aber dennoch wöchentlich ausgeführt werden; Sonntag, Dienstag oder Freitag

Den „Verlockende-Aura"-Zauber können Sie variieren, indem Sie ein Öl, ein Parfüm oder Eau de Cologne, das Sie häufig auftragen, dazu verwenden – also den Duft, den die Modemagazine als Ihre persönliche Note propagieren. Verwenden Sie eine frische Flasche Ihres Lieblingsduftes, laden Sie diese magisch auf, sodass sie die Vergrößerung Ihrer Aura auslöst. Wenn Sie den Zauber ausführen, betupfen Sie damit Ihre Chakren und die Pulspunkte, um ihn zu verstärken. Gehen Sie sicher, dass Sie diesen Duft immer tragen, wenn Sie irgendwohin gehen, wo Sie eine neue Liebe treffen könnten.

Wenn es vorbei ist, ist es vorbei I

Charakteristik: Nicht manipulativ
Anzahl der Utensilien: 1
Zeitrahmen: Erste Ausführung weniger als eine Stunde, muss aber vielleicht wiederholt werden
Bester Zeitpunkt: Abnehmender Mond; jeder Tag, außer Dienstag

Manchmal kommt es vor, dass Sie keine neue Liebe anziehen, sondern sich einer alten entledigen wollen, die zu einer Plage geworden ist. Eine Curandera aus Südtexas lehrte mich diesen Zauber, mit dem Sie sanft einen unerwünschten Liebhaber loswerden.

Nehmen Sie eine Hand voll getrockneter Kürbiskerne und tragen Sie diese nach draußen an einen Ort, wo Sie sie unbemerkt vergraben und wo sie auch ungestört ruhen können. Setzen Sie sich auf den Boden und graben Sie vor sich ein kleines Loch. Beginnen Sie sich vorzustellen, wie der unerwünschte Liebhaber sich immer weiter von Ihnen entfernt. Während Sie dies tun, nehmen Sie einen Kürbiskern und beißen darauf, danach werfen Sie ihn in das Loch. Wenn Sie so mit allen Kernen verfahren sind, sollten Sie nun vor Ihrem geistigen Auge Ihr Leben ohne die unerwünschte Person sehen. Stellen Sie aber sicher, dass in Ihrer Visualisierung die betreffende Person auf keine Art verletzt wird. Vielleicht möchten Sie ja sogar nett sein und ein Bild einstreuen, auf dem Ihr ausrangierter Liebhaber mit jemand anderem glücklich zusammen ist. Wenn Sie das getan haben, bedecken Sie die vergrabenen Kerne und gehen Sie weg, ohne zurückzusehen.

Noch eine kleine Randnotiz zu diesem Zauber: Vor ein paar Monaten, als ich nach einigen Kräuterheilmitteln suchte, entdeckte ich, dass Kürbiskerne anthelminthische Eigenschaften haben, was so viel bedeutet, wie dass sie helfen, den Körper von Parasiten und Würmern zu reinigen. Eine interessante Verbindung, nicht wahr?

Füll mich mit deiner Liebe

Charakteristik: Nicht manipulativ
Anzahl der Utensilien: 6
Zeitrahmen: Eine Stunde oder länger, vielleicht möchten Sie den Zauber aber auch wöchentlich oder monatlich wiederholen
Bester Zeitpunkt: Zunehmender Mond oder Vollmond; Montag

Das Ziel dieses Zaubers ist es, den leeren Platz in Ihrem Innern zu füllen, das nur Einsamkeit ohne das Gefühl von Erfüllung durch eine neue Liebe empfindet. Für diesen Zauber benötigen Sie drei Gläser oder Kelche, ein Liebe anziehendes Öl (für Ideen siehe Anhang A) oder etwas Vanilleextrakt und eine einzelne Kerze, in deren Schein Sie den Zauber bewirken. Füllen Sie zwei der Kelche bis zur Hälfte, dann stellen Sie die Kelche auf den Altar oder die Arbeitsfläche vor Ihnen, vorzugsweise in einer Nacht bei zunehmendem Mond oder Vollmond. Stellen Sie den leeren Kelch in die Mitte und die beiden vollen rechts und links daneben. Zünden Sie die Kerze an, sodass Sie in ihrem Schein arbeiten können. Die zwei teilweise gefüllten Kelche verkörpern Sie und die Person, die Sie gerne in Ihr Leben ziehen möchten. Sie beide sind nicht vollständig, bis Sie sich treffen. Der Kelch in der Mitte steht dafür, was Sie beide gemeinsam haben können. In den leeren Kelch geben Sie drei Tropfen des aufgeladenen Öls oder des Extraktes. Während Sie dies tun, formulieren Sie den Zweck Ihres Zaubers. Denken Sie sich eine Formulierung schon im Vorfeld aus, damit Ihre Worte genau treffen, was Sie sich als das ultimative Ziel Ihres Zaubers vorstellen. An dieser Stelle entscheiden Sie ebenfalls, ob der Zauber manipulativ oder nicht manipulativ angelegt sein soll. Wählen Sie mit Bedacht.

Nehmen Sie nun zuerst den einen, dann den anderen der halb gefüllten Kelche und beginnen Sie kleine Mengen Wasser in das Gefäß in der Mitte zu gießen. Stellen Sie sich vor, dass dies symbolisiert, wie Sie und die Wunschperson eine ganz besondere Beziehung aufbauen, in der Sie gegenseitig die Bedürfnisse des anderen erfüllen und der ganze leere einsame Raum mit neuer Liebe erfüllt wird. Sie können Ihre Visualisierung noch mit einem selbst gedichteten Sprechgesang verstärken, der Ihr Ziel widerspiegelt. Versuchen Sie etwas aufzusagen wie:

Kelch, wie ein Wunschbrunnen so tief,
Zaubergesang, der unsere Seelen rief.
Liebe, die kommt, um unsere Herzen zu füllen,
mit diesem Zauber wird sich die Magie erfüllen.

Bindungszauber II

Charakteristik: Manipulativ
Anzahl der Utensilien: 5+
Zeitrahmen: Einige Stunden für die erste Ausführung, die Handlung muss jedoch wiederholt werden, bis man damit Erfolg hat
Bester Zeitpunkt: Jede Mondphase; Sonntag oder Dienstag

Dieser Bindungszauber nutzt eine der ältesten Magie-Arten, die die Menschheit kennt: Er verwendet Puppen, um die zwei involvierten Parteien zu repräsentieren. In den Medien werden solche Püppchen gerne als Instrumente der schwarzen Magie dargestellt, wofür sie natürlich auch verwendet werden können und oft auch werden. Sie *müssen* jedoch nicht für manipulative Magie eingesetzt werden – diese Entscheidung liegt ganz alleine bei Ihnen.

Es können kleine, gekaufte oder von Ihnen selbst gemachte Püppchen sein. Die letzte Variante ist vom magischen Standpunkt aus immer die bessere, da Sie hierbei Ihre eigene Energie in die Puppen hineinfließen lassen können, während Sie sie machen, sodass sie für Ihre Sache noch wirkungsvoller sind. Sie können die Püppchen aus getrocknetem Getreide oder Stoff herstellen. Sie bekommen in jedem Bastelladen eine Vielzahl von Materialien, um die Püppchen entsprechend Ihrem Handarbeitsgeschick auf Ihre magischen Bedürfnisse hin auszugestalten. Wenn Sie keine begabte Näherin sind (haben Sie meine ganze Sympathie, weil dies für mich ebenso eine Herausforderung ist), können Sie Ihre Püppchen auch aus Holz oder aus Wurzeln schnitzen, die traditionellerweise für solche Zwecke verwendet wurden. Adamswurzel, Ingwerwurzel und Zaunrübenwurzel sind empfehlenswert. Früher war auch die Alraunwurzel sehr beliebt; diese enthält jedoch eine hochgiftige Substanz, die man nicht unbedingt im Haus haben sollte, vor allem nicht, wenn Sie Kinder oder Haustiere haben. Außerdem weiß ich aus eigener Erfahrung, dass giftige Kräuter sich nicht gut mit Liebesmagie verbinden lassen.

Die Püppchen müssen keine Porträts sein. Außerdem müssen Sie mit der Person, die sie verkörpern sollen, weder verknüpft noch aufgeladen sein, indem sie von dieser in irgendeiner Art und Weise Besitz ergreifen. Bei manchen Zaubern ist das traditionellerweise erforderlich, aber was den Großteil dieser Zauber betrifft, ist dies eine weitere Erfindung Hollywoods, die nur wenige Grundlagen in der Realität hat. Bestimmen Sie gedanklich, welches Püppchen für Sie steht und welches die andere Person verkörpert. Diese andere Person kann ein Bekannter oder Unbekannter sein – je nachdem, wie viel manipulatives Risiko Sie auf sich nehmen wollen.

Nachdem Sie Ihre Püppchen fertig gestellt und diese mit den Energien Ihres Wunsches aufgeladen haben, platzieren Sie sie Angesicht zu Angesicht und binden sie mit einem Faden oder einer Schnur fest zusammen. Versichern Sie sich, dass sich die Knoten nicht lösen können, sonst wird die Magie schwinden. Verstecken Sie die Püppchen unter Ihrem Bett oder irgendwo, wo man sie nicht finden kann. Nehmen Sie sie in regelmäßigen Abständen hervor und laden Sie den Zauber neu auf, bis er Erfolg zeigt.

Püppchen an der Kreuzung

Charakteristik: Manipulativ
Anzahl der Utensilien: 5+
Zeitrahmen: Anfangs mehrere Stunden
Bester Zeitpunkt: Dunkler Mond; Sonntag oder Dienstag

Eine Curandera aus Südtexas lehrte mich eine interessante Variante zum vorangegangenen Zauber. Sie behauptete, man müsse die Püppchen an einer Kreuzung vergraben und sie alleine lassen. In der europäischen Volksmagie ist eine Kreuzung jedoch meist ein Ort, an dem Magie vollzogen wird, um etwas zu beenden oder um etwas zu erden, und nicht, um anzuziehen oder zu gewinnen. Der Grund hierfür ist, dass ein gleichschenkliges Kreuz in vielen europäischen Traditionen mit Schutz und Balance in Verbindung gebracht wird. Diese Variante kann bei Ihnen funktionieren, wenn die europäische Assoziation bei Ihnen noch nicht so fest verankert ist, dass sie das Ziel Ihres Zaubers in Frage zu stellen vermag. Die Püppchen-Bindungszauber, die die Curandera wirkte, funktionierten ebenso gut wie alle anderen, die ich gesehen habe. Sie sollten ausprobieren, welche Methode bei Ihnen am besten klappt.

Kopal ist eine Pflanze, die in der mexikanischen Magie häufig verwendet wird. Der starke, widerliche Geruch hat viele Assoziationen zum „Kern der Sache“, einschließlich des menschlichen Herzens. Bei den mexikanischen Püppchen wird überlicherweise ein Stück Kopal verwendet, um das Herz oder den Wesensmittelpunkt jeder gefertigten Puppe zu verkörpern.

Von Gärten, Friedhöfen und Liebesvisionen

Charakteristik: Nicht manipulativ
Anzahl der Utensilien: 1
Zeitrahmen: Etwa eine Stunde
Bester Zeitpunkt: Um Mitternacht, möglichst in der dunkelsten Nacht; Montag oder Samstag

Diese Wahrsage-Methode, um eine Vision von Ihrer zukünftigen Liebe heraufzubeschwören, kommt aus den südlichen Appalachen. Ich kenne verschiedene Varianten, aber diese hier ist mir am liebsten. Ich erlernte sie von meiner Großmutter, die begeistert von Liebeswahrsagungen war.

Damit dieser recht eigenartige Zauber wirkt, müssen Sie das Gartenwerkzeug eines Geistlichen um Mitternacht auf einen Friedhof bringen und, nach Westen blickend, es mit so viel Kraft wie nur möglich in den Boden stechen. Wenn Sie nicht an das Gartenwerkzeug eines Geistlichen herankommen können, genügt auch das der örtlichen Kirche, des Konvents oder der Synagoge.

Schließen Sie die Augen und bitten Sie den Schutzengel des Friedhofes, Ihnen eine Vision der Geistgestalt Ihres zukünftigen Partners zu gewähren. Drehen Sie sich nach Osten und öffnen Sie Ihre Augen weit. Sie sollten dann den Schatten Ihres zukünftigen Partners in der Ferne vorbeigehen sehen. Laut meiner Großmutter gibt die Richtung, in die der Geist geht, einen Hinweis auf die Art der Beziehung, die Sie haben werden. Geht er von Süden nach Norden, werden Sie glücklich verheiratet sein, von Norden nach Süden wird es eine lustvolle Ehe. Bewegt er sich von Osten nach Westen, werden Sie unglücklich sein, und von Westen nach Osten bedeutet, dass Sie zufrieden, jedoch arm sein werden. (*Anmerkung:* Auf manchen Friedhöfen ist der Aufenthalt nach Einbruch der Dunkelheit verboten.)

Die purpurne Leidenschaft der Veilchen

Charakteristik: Nicht manipulativ
Anzahl der Utensilien: 1
Zeitrahmen: Etwa 15 Minuten
Bester Zeitpunkt: Vollmond; Montag

Nehmen Sie eine Hand voll frisch gepflückter Veilchenknospen und werfen Sie diese willkürlich vor sich hin, während Sie an eine Romanze denken. Die Knospen werden ein Muster bilden, das den Namen oder die Initialen Ihres zukünftigen Partners erahnen lässt. Sie können diesen Zauber verstärken, indem sie ihn im Angesicht eines leichten Westwindes ausführen.

Schafgarbe für die Ewigkeit

Charakteristik: Manipulativ
Anzahl der Utensilien: 1
Zeitrahmen: Ein paar Minuten in der Nacht
Bester Zeitpunkt: Vollmond; jeder Tag

Im alten Schottland wurde Schafgarbe oft in Liebeszaubern verwendet, da es die Kraft hat, zwei Herzen zu einem verschmelzen zu lassen.

Die Überlieferung sagt, dass wenn sich Schafgarbe unter der Matratze eines Paares befindet, das sich gerade liebt, diese zu Seelengefährten werden und ihre Liebe ewig währen wird. Wenn Sie mit Ihrer Partnerin zusammen baden und Schafgarbe ins Badewasser streuen, wird sie helfen, Sie aneinander zu binden, sodass Ihre Seelen sich gegenseitig wieder erkennen werden, wenn Sie sich bei einer neuen Inkarnation begegnen.

Ein Potpourri von Apfel-Wahrsagungen und -Zaubern

Charakteristik: Nicht manipulativ
Anzahl der Utensilien: 1-3
Zeitrahmen: Weniger als eine Stunde jeweils
Bester Zeitpunkt: Unterschiedlich, aber in der Regel bei Vollmond an einem Montag oder Freitag

Der Apfel wird in der europäischen Liebeswahrsagung mindestens seit dem Mittelalter verwendet, seine Wurzeln reichen jedoch viel weiter zurück. Wahrscheinlich haben diese Zauber ihren Ursprung im griechisch-römischen Volksbrauchtum, wo der Apfel das Symbol der Fruchtgöttin Pomona ist, deren Mythos auch eine Liebesgeschichte beinhaltet. Weiter im Westen von Europa wurde der Apfel in der Mythologie mit alternden Göttinnen sowie mit Wiedergeburt und dem Land der Toten assoziiert. Diese beliebten griechisch-römischen Wahrsage-Techniken sind heute jedoch in der anglo-keltischen Kultur aufgegangen und neu gestaltet worden.

1. Bei einer der bekanntesten Apfel-Wahrsagungen schält man mit einer Korkenzieherbewegung einen Apfel. Dies muss sehr vorsichtig gemacht werden, damit die Schale nicht bricht. Währenddessen konzentrieren Sie sich darauf, die Identität Ihres zukünftigen Partners zu erkennen. Wenn der Apfel sauber geschält ist, lassen Sie die Schale zu Boden fallen. Beobachten Sie die Form, die sich bildet, um darin die Initialen des Namens Ihres Zukünftigen zu sehen.
2. Die Vorabende von bestimmten Heiligenfesten standen in dem Ruf, eine gute Zeit für Frauen zu sein, um die Identität zukünftiger Partner vorherzusehen. In der Überlieferung heißt es, dass wenn eine Frau am Vorabend zum Agnestag, zum Johannestag und zum Markustag in einem abgedunkelten Zimmer sitzt und einen Apfel isst, während sie in einen Spiegel blickt, das Bildnis ihres Partners vom Spiegel reflektiert werden wird.
3. Um einen ungewollten Liebhaber loszuwerden, können Sie seinen Namen auf ein Stück Papier schreiben und damit drei Apfel-

kerne einwickeln. Verbrennen oder vergraben Sie das Papier. Apfelkerne beinhalten eine natürliche Form von Zyanid und sind giftig, somit ist dies ein großartiges magisches Bilderwerk.
4. Eine Variante davon ist, den Streifen Papier zwischen die Hälften eines geteilten Apfels zu legen. Heften Sie die Hälften mit Nägeln wieder zusammen und vergraben Sie den Apfel weit von Ihrem Haus entfernt.
5. Apfelblüten gelten als ausgezeichnete Katalysatoren, um mit Magie Liebe anzuziehen. Tragen Sie diese bei sich oder platzieren Sie sie unter Ihrem Bett, damit sie Ihre romantischen Bestrebungen unterstützen.

Die Myrte- und Flammen-Wahrsagung

Charakteristik: Nicht manipulativ
Anzahl der Utensilien: 1
Zeitrahmen: 30 Minuten oder länger
Bester Zeitpunkt: Nach Anbruch der Dunkelheit; Vollmond; Montag oder Freitag

Myrte ist in den südlichen Appalachen ein beliebtes Liebeskraut. Myrtezweige sollten langsam in ein loderndes Feuer geworfen werden – ein Zweig nach dem anderen – während Sie hineinstarren und sich darauf konzentrieren, das Gesicht Ihres Zukünftigen zu sehen. Während Sie die Kräuter hineinwerfen, möchten Sie vielleicht einen Zauber singen:

Myrte süß wie ein Frühling in den Bergen,
zeig mir ihn (sie), der (die) meinen Ring wird tragen.

Eine Ananas für die Freundschaft

Charakteristik: Nicht manipulativ
Anzahl der Utensilien: 1+
Zeitrahmen: Anfangs einige Minuten, die Frucht muss eventuell periodisch neu aufgeladen werden
Bester Zeitpunkt: Bei Bedarf

Im Südpazifik galt die Ananas schon lange Zeit als Symbol für Freundschaft und Einheit. Als die Europäer Anfang des 18. Jahrhunderts die pazifischen Inseln zu erforschen begannen, offerierten ihnen die Einheimischen Ananas als Zeichen ihres guten Willens. Diese symbolische Deutung verbreitete sich daraufhin auch in Europa, wo die Ananas in das Wohnungsdesign Einzug fand. Selbst heute sieht man noch Ananasmuster auf Tapeten oder Verzierungen von Kolonialstil-Häusern.

Die Ananas bietet Ihnen verschiedene Einsatzmöglichkeiten, um Freundschaft in Ihr Leben zu bringen:

1. Sie können sie essen und sich dabei auf das Auftauchen neuer Freunde konzentrieren.
2. Sie können eine Ananas als besondere Zutat zu einem Buffet bei einem Brunch oder einer Party beisteuern, wo Sie vielleicht neue Freunde treffen. Laden Sie sie mit Ihrer Absicht auf, wenn Sie das Essen zubereiten.
3. Sie können ein Schmuckstück finden, das eine Ananas zeigt und dies – als Talisman, um Freundschaft anzuziehen – aufladen.
4. Verwenden Sie den Saft einer Ananas als eine Art magischen Magneten, um eine Aura der Freundschaft um ihr Heim herum zu schaffen, die neue Freunde an Ihre Tür führen wird. Tun Sie dies, indem Sie etwas Saft mit kaltem Wasser vermischen und Tröpfchen der Mischung von Ihren Fingerspitzen schnipsen, während Sie im Uhrzeigersinn um Ihr Haus herumgehen.
5. Bieten Sie frische ganze Ananas als Partysnack an.
6. Verwenden Sie frische ganze Ananas als Mittelpunkt Ihrer Tischdekoration.

Lass Frieden herrschen

Charakteristik: Nicht manipulativ
Anzahl der Utensilien: 5
Zeitrahmen: Eine bis zwei Stunden, die Handlung muss möglicherweise wöchentlich wiederholt werden
Bester Zeitpunkt: Bei Bedarf; Freitag ist jedoch am besten

Wenn Sie in einem Haus leben, in dem Streit herrscht, und Sie den Familienfrieden wieder herstellen wollen, benötigen Sie eine kleine rosa Kerze, eine Schüssel mit Wasser, einen Rosenquarz oder etwas Rosenöl und einige Blüten entweder von Tuberose, Winde, Veilchen oder Mädesüß. Wenn der Rest Ihrer Familie schläft oder außer Haus ist, gehen Sie in den Wohnungsmittelpunkt und entzünden die Kerze. Während Sie das tun, stellen Sie sich vor, dass dies ein Signalfeuer des lebendigen Friedens ist, dessen Flamme immer größer und größer wird und alle unharmonischen Schwingungen aus dem Haus drängt. Verbringen Sie so viel Zeit mit der Kerze, bis Sie fühlen können, dass die Visualisierung vollständig ist.

Vermischen Sie einige Tropfen Rosenöl mit Ihrem Wasser oder legen Sie den Rosenquarz hinein. Sollten Sie keines von beiden haben, können Sie als Ersatz etwas Vanilleextrakt verwenden. Nachdem Sie das Wasser entsprechend vermischt haben, nehmen Sie die Blüten und laden Sie sie magisch als Talismane für Frieden und Liebe auf. Gehen Sie durch Ihr Haus und tauchen Sie die Blüten in die Wassermixtur.

Versprenkeln Sie diese in Ihrem Haus für Ihren Wunsch nach Frieden. Wenn möglich tun Sie dies drinnen und draußen, wobei Sie sich besonders den „Problemzonen" widmen sollten, also den Stellen, an denen häufig Streitereien ausbrechen. Beim Gehen singen Sie einen Vierzeiler wie den folgenden, der Ihre Konzentration unterstützen wird:

Wasser so sanft, Blumen so leuchtend,
bringt Frieden und Liebe ins Heim heute Nacht.
Flamme der Familie, eine Einheit,
durch meinen Willen dieser Zauber soll sein heut.

Du hast den Schlüssel

Charakteristik: Manipulativ oder nicht manipulativ
Anzahl der Utensilien: 2+
Zeitrahmen: Weniger als eine Stunde für die erstmalige Ausführung
Bester Zeitpunkt: Neumond oder Vollmond; Mitternacht oder kurz vor Sonnenaufgang; jeder Tag

Seit im alten Ägypten zum ersten Mal Schlüssel aufgetaucht sind, werden sie in der Magie und für die Herstellung von magischen Talismanen verwendet. Ihre Verbindung zur Liebesmagie verdeutlicht uns die beliebte Metapher „Schlüssel zu meinem Herzen". Im Mittelmeergebiet wurden Schlüssel verwendet, um Geister und Feen um ihren Beistand bei magischen Handlungen anzurufen; in Russland und China, um mittels Magie verschwundene Dinge wiederzufinden.

Um diesen Schlüsseltalisman anzufertigen, benötigen Sie einen Schlüssel, eine Kordel oder einen dicken Faden in Rot (für Leidenschaft), Rosa (für Romantik) oder Blau (für Treue), etwa 50 cm lang. Wenn Ihre Kordel dünn genug ist, sodass Sie die drei Farben kombinieren können und die Kordel immer noch durch die Öffnung des Schlüssels passt, ist es um so besser. Wenn Sie möchten, können Sie auch noch eine Kerze in der Farbe Ihrer Wahl dazunehmen.

Nehmen Sie den Schlüssel und beginnen Sie, indem Sie drei Mal durch die Öffnung blasen. Laut europäischem Volksglauben weckt man auf diese Weise die Aufmerksamkeit von freundlichen Geistern. Es ist ebenfalls eine Methode, um sich etwas zu wünschen, sofern der Schlüssel für einen solchen Zweck nicht schon einmal verwendet wurde. Wenn Sie pusten, stellen Sie sich Geister vor, die Ihrem Ziel freundlich gesonnen sind und die Sie auf diese Weise anrufen, um Ihnen bei Ihrem Zauber zu helfen. Ebenfalls müssen Sie sich auf Ihr Ziel konzentrieren, Liebe als einen magischen Wunsch an sich anzuziehen.

Sprechen Sie Ihr Ziel drei Mal in das Loch des Schlüssels. An diesem Punkt können Sie den Zauber manipulativ gestalten, sofern Sie es wagen wollen, diesen dunklen Pfad zu beschreiten. Dies geht sehr einfach: Sie brauchen nur den Namen der Person auszusprechen, die Sie sich als Liebhaber wünschen, anstatt Ihr Ziel allgemein zu halten.

Man muss verstehen, dass Magie mit Schwingungen arbeitet, die nichts anderes sind als Energie, die sich mit einer Geschwindigkeit bewegt, die mit Ihrem Ziel in Einklang ist. Laut über Ihr Ziel zu sprechen reicht schon aus, um die richtigen Schwingungen für diesen Zauber auszulösen, und es ist hilfreich, um die Aufmerksamkeit der richtigen Geister zu bekommen. Sollten Sie jedoch aus irgendeinem Grund nicht laut sprechen können, schreiben Sie Ihr Ziel auf einem kleinen Stück Papier nieder, rollen Sie es klein und eng zusammen und führen Sie es drei Mal im Uhrzeigersinn durch das Loch im Schlüssel.

Als Nächstes nehmen Sie die Kordel und fädeln diese durch das Schlüsselloch. Machen Sie in der Mitte einen großen, festen Knoten, damit der Schlüssel fixiert ist. Während Sie das tun, stellen Sie sich vor, wie Ihr Wunsch in diesen Knoten eingeschlossen wird. Wenn Sie mit einer Kerze arbeiten, versuchen Sie dabei die Flamme durch das Loch im Schlüssel zu sehen und visualisieren Sie, wie die Flamme der Leidenschaft ebenso in diesem Talisman festgebunden wird.

Während Sie sich immer noch auf Ihr Ziel konzentrieren, machen Sie zwei weitere Knoten, damit der Schlüssel an der richtigen Stelle verbleibt. Danach binden Sie in jedes Kordelende drei Knoten in gleichmäßigen Abständen. Stellen Sie sich vor, wie diese Ihr Ziel zusätzlich einschließen und die Integrität Ihres Zieles sichern. Wenn Sie fertig sind, wird der Talisman insgesamt neun Knoten haben – eine heilige Zahl bei den Kelten. Tragen Sie den Talisman mit sich, vorzugsweise auf der linken Körperhälfte – sie gilt als die Seite, die Energie anzieht, während die rechte die Seite ist, die abgibt.

Abbildung 9: Schlüssel- und Kordel-Talisman

Erneuern Sie die Kraft Ihres Talismans einmal im Monat bei Vollmond. Sie müssen ihn nicht auseinander nehmen, übertragen Sie einfach durch diesen Symbolismus geistig neues Leben auf Ihr Ziel.

Brot und Romanze aus dem Backofen

Charakteristik: Manipulativ
Anzahl der Utensilien: Unterschiedlich, hängt von den Rezeptzutaten ab
Zeitrahmen: Mehrere Stunden für das Backen und Aufladen, je nach Rezept
Bester Zeitpunkt: Bei Bedarf

Die einfache Handlung des Backens wurde als ein heiliges Ritual eingesetzt, seit die Menschen lernten, Essen über einer offenen Flamme zu erwärmen. Heutzutage nennt man diese Kunst Küchenzauberei und diese hat eine treue Gefolgschaft.

Brot und andere Getreideprodukte werden am häufigsten für die Küchenmagie verwendet, und zwar einfach aufgrund früherer Assoziationen dieser Dinge mit Einheit und magischem Timing. Getreideprodukte sind vielen Gottheiten rund um den Erdball geweiht und die Ernte- und Dreschzeiten markierten oft die Feiertage der alten Zeit. Der Ausdruck „zusammen das Brot brechen" wurde dafür verwendet, Einheit, Freundschaft und Familienbande zu symbolisieren, und war ebenfalls die Grundlage für viele Zauber, die gestaltet wurden, um eine Romanze anzuziehen.

Laut eines Zaubers aus England, der ebenfalls in den südlichen Appalachen beliebt ist, soll man einen Laib Brot backen, bei dem der Name der/des Geliebten in den Teig geritzt wurde, entweder vor oder während des Backens. Während der Laib backt, sollte der/die Bäcker/in neben dem Ofen sitzen und geistig die Energie des gewünschten Ergebnisses in das Brot strömen lassen. Wenn dieser magisch aufgeladene Laib Brot zwischen dem/r Bäcker/in und seinem/r ersehnten Partner/in geteilt wird, sind die beiden schon so gut wie unzertrennlich.

Eine Drehung des Kuchens

Charakterstik: Nicht manipulativ
Anzahl der Utensilien: Unterschiedlich, hängt vom Rezept ab
Zeitrahmen: Mehrere Stunden
Bester Zeitpunkt: Neumond oder Vollmond; kurz vor Mitternacht; Vorabend des Agnestages, des Johannestages; Mittsommernacht

Ein anderer Backzauber aus dem englischen Volksbrauchtum besagt Folgendes: Wenn eine Frau am Vorabend zum Agnestag einen Kuchenteig anrührt und sich währenddessen darauf konzentriert, die Identität ihres zukünftigen Partners kennen zu lernen, dann muss sie nur noch den Kuchen so in den Ofen schieben, dass er Punkt Mitternacht die Hälfte der Backzeit erreicht. Sie sollte die Küche abgedunkelt lassen und in ein Zimmer gehen, von wo aus Sie weder die Küche noch eine andere Haustür sehen kann. Es heißt, dass der Geist ihres Zukünftigen um Mitternacht erscheinen, den Kuchen umdrehen und seine Initialen oben einritzen wird.

Ingwer bringt Leidenschaft

Charakteristik: Manipulativ
Anzahl der Utensilien: Unterschiedlich, hängt vom Rezept ab
Zeitrahmen: Mehrere Stunden für das Backen und Aufladen, je nach Rezept
Bester Zeitpunkt: Bei Bedarf, aber am besten an einem Dienstag oder Freitag

Eine Freundin von mir entdeckte das Potenzial an Leidenschaft, das in dem allgemein gebräuchlichen Gewürz Ingwer steckt, und setzte es erfogreich ein, um die Aufmerksamkeit von jemandem, an dem sie interessiert war, auf sich zu ziehen.

Damit dieser Zauber funktioniert, müssen Sie die Backwaren mit Ihrem Wunschpartner zusammen essen können. Außerdem müssen Sie ein Rezept auswählen, in dem entweder gemahlener Ingwer verwendet wird oder zu dem Sie eine kleine Menge dazugeben können.

Glücklicherweise ist Ingwer ein gängiges Küchengewürz und kann einfach zu den meisten Kuchen, Gebäckstücken und Süßigkeiten dazugegeben werden, ohne dass man das Rezept großartig abändern müsste.

Vor dem Backen nehmen Sie das Ingwerpulver und ziehen Ihre Finger hindurch. Dabei stellen Sie sich vor, wie sein aromatischer Geschmack die Leidenschaft des ersehnten Partners entfacht. Geben Sie das Gewürz danach in den Teig und backen Sie diesen, danach essen Sie die Süßigkeit zuammen mit dem Auserwählten.

Komm zu mir I

Charakteristik: Manipulativ
Anzahl der Utensilien: 2+
Zeitrahmen: Anfangs etwa eine Stunde
Bester Zeitpunkt: Mitternacht; jede Mondphase oder jeder Tag

Aus East Anglia in England kommt ein weiterer Zauber, der inzwischen in den südlichen Appalachen sehr beliebt ist. Er ist dazu gedacht, Ihnen eine widerspenstige Liebe zuzuführen. Hierfür benötigen Sie nur drei Kerzen in den Farben Ihrer Wahl, die Blüten einer Blume, die mit Romantik in Verbindung gebracht wird (Veilchen sind am beliebtesten bei der Appalachenbevölkerung), und die Bereitschaft, sich um Mitternacht auf einen nahe gelegenen Friedhof zu begeben. Ebenfalls ist ein Mangel an gesundem Menschenverstand erforderlich, da der Zauber vorschreibt, Kerzen unbeaufsichtigt über Nacht in Ihrem Schlafzimmer brennen zu lassen. Wenn Sie sich tatsächlich entscheiden sollten, diesen Zauber auszuprobieren, müssen Sie sehr, sehr vorsichtig sein. Ich empfehle Ihnen, so viel Zeit wie möglich mit den Kerzen zu verbringen, bevor Sie zu Bett gehen, und diese dann zu löschen. Wenn Sie jedoch nicht auf diese weisen Worte der Vorsicht hören wollen, sollten Sie sich doch zumindest die Zeit nehmen, die Kerzen in eine große Schale mit Wasser zu stellen oder eventuell in die Dusche, die an Ihr Schlafzimmer angrenzt. Vergewissern Sie sich außerdem, dass sich keine Kinder oder Haustiere in der Nähe der brennenden Kerzen befinden.

Bringen Sie die drei Kerzen tagsüber zu einen nahe gelegenen Friedhof, vorzugsweise um die Mittagsstunde. Bedecken Sie diese mit den Blüten und lassen Sie sie zurück. Sie selbst kehren unmittelbar nach dem mitternächtlichen 12-Uhr-Schlag auf den Friedhof zurück und holen sie wieder. Nehmen Sie die Kerzen nochmal mit in Ihr Schlafzimmer und brennen Sie sie an, bevor Sie sich schlafen legen. Wenn Sie aufgewacht sind, nehmen Sie die Überbleibsel der Kerzen und begraben diese in der Nähe Ihres Schlafzimmerfensters mit einigen weiteren Blüten, die diese auf dem Friedhof bedeckt hatten. So lange, wie diese Überbleibsel ungestört ruhen, wird das Objekt Ihrer Begierde immer wieder zu Ihnen nach Hause gezogen.

Setz dich hierher, mein Schatz

Charakteristik: Manipulativ
Anzahl der Utensilien: 1
Zeitrahmen: Einige Minuten
Bester Zeitpunkt: Zunehmender Mond; jeder Tag

Magisch aufgeladene Sumpfdotterblumen oder Bittersüß können Sie unter jedem Stuhl platzieren, wenn Sie glauben, dass darauf als nächste Person Ihre große Liebe Platz nehmen wird. Sollten sich Ihre Blicke treffen, während die ersehnte Person sich über die verzauberten Blumen setzt, wird dieser Mensch bis nach Mitternacht an niemand anderen mehr denken können als an Sie. Setzt sich jedoch die falsche Person auf den verzauberten Sitz, wird es diese sein, die Ihnen bis in die Abendstunden ihre Aufmerksamkeit schenkt.

Vom Winde verweht

Charakteristik: Manipulativ oder nicht manipulativ
Anzahl der Utensilien: 1
Zeitrahmen: Etwa 15 Minuten, die Handlung muss vielleicht wiederholt werden
Bester Zeitpunkt: Jede Mondphase, jeder windige Tag, vorzugsweise jedoch an einem Mittwoch

Laut einer amerikanischen Volkslegende können Sie bewirken, dass Ihre große Liebe innerhalb von 24 Stunden bei Ihnen vor der Türe steht, wenn Sie magisch aufgeladene Gartenraute von Ihren Handflächen in einen Wind blasen, der in die Richtung weht, wo der/die Begehrte wohnt.

Es ist einfach, diesen Zauber nicht manipulativ zu visualisieren und zu formulieren, um eine noch unbekannte Liebe zu Ihnen kommen zu lassen. Drehen Sie sich im Uhrzeigersinn in alle vier Himmelsrichtungen, um diese nicht manipulative Variante einzusetzen.

Ein Talisman, um Liebe in Ihr Leben zu bringen

Charakteristik: Nicht manipulativ
Anzahl der Utensilien: 6+
Zeitrahmen: Anfangs etwa zwei Stunden, der Talisman muss jedoch periodisch aufgeladen werden
Bester Zeitpunkt: Zunehmender Mond; Sonntag oder Freitag

Für diesen Talisman benötigen Sie ein kleines quadratisches, etwa 22 cm großes Stück Filz entweder in Rot oder Rosa. Außerdem brauchen Sie einen Stein, der den Mittelpunkt des Talismans bildet, vorzugsweise entweder einen Rosenquarz, einen durchsichtigen Kristall oder einen Magneteisenstein; etwas roten oder rosafarbenen Faden, eine Nadel, einen Stift und ein Blatt Papier sowie getrocknete Kräuter, die mit Liebesmagie in Verbindung stehen – etwa Rosmarin, Gartenraute, Schafgarbe oder Schwertlilienwurzel.

Auf das Blatt Papier schreiben Sie ganz genau das Ziel, das Sie mit Ihrem Talisman verfolgen. Jede Sprache ist in Ordnung, besser ist es jedoch, wenn Sie Ihren Wunsch in Reimen formulieren. An Reime erinnert man sich leichter als an andere Wortreihungen. Sie bleiben einem im Gedächtnis und spielen sich oft von alleine wieder ab, wenn der Geist zu wandern beginnt. Erinnern Sie sich einfach, wie Ihr Grundschullehrer darüber klagte, dass Sie sich bestimmte Formeln nicht merken konnten, Sie jedoch jede Zeile des neuesten Popsongs auswendig wussten. Reime stellen einfach magischere und stärkere Worte der Kraft dar. Wenn Sie Ihren Zauber in einem kleinen Reim verpacken, können Sie die Kraft spendenden Worte jeden Tag mehrmals singen, wenn Ihnen Ihr Ziel in den Sinn kommt, um so Ihren Zauber mit einem ständigen Energiestrom zu füttern.

Machen Sie ein kleines quadratisches Täschchen aus dem Filz, verwenden Sie dazu Nadel und Faden, um es an drei Seiten zuzunähen. Laden Sie die getrockneten Kräuter magisch auf und legen Sie sie in das Täschchen.

Platzieren Sie Ihren Stein in der Mitte des Blattes und wickeln Sie das Papier eng darum. Nehmen Sie das Papier und stecken Sie es in das Täschchen, dann nähen Sie die vierte Seite zu.

Tragen Sie den Talisman bei sich, um eine Romanze anzuziehen.

Einfach Freunde

Charakteristik: Nicht manipulativ
Anzahl der Utensilien: 6+
Zeitrahmen: Anfangs etwa zwei Stunden, der Talisman muss jedoch regelmäßig wieder aufgeladen werden
Bester Zeitpunkt: Zunehmender Mond; Sonntag oder Mittwoch

Wenn es Ihr Ziel ist, Freundschaft anzuziehen, können Sie ebenfalls den zuvor beschriebenen Talisman benutzen. Wählen Sie zwischen Orange und Blau als Farben und fügen Sie als Kräuter Akazie oder Mate hinzu. Akazie wird seit langer Zeit verwendet, um platonische Liebe anzuziehen oder um die Leidenschaft von jemandem abzukühlen, den Sie nicht als Liebhaber möchten, dessen Wohlwollen

Sie jedoch nicht verlieren möchten. Mate hat eine lange Tradition als Freundschaftsgetränk und das Aufbrühen, Einschenken und Trinken in Zweisamkeit ist immer noch ein beliebtes Ritual unter Freunden im modernen Argentinien.

Nesseln machen es nichtig

Charakteristik: Manipulativ
Anzahl der Utensilien: 1
Zeitrahmen: Weniger als eine Stunde beim ersten Mal
Bester Zeitpunkt: Abnehmender Mond oder Neumond; Donnerstag oder Samstag

Um die Romanze von zwei anderen Menschen aufzubrechen, streuen Sie Nesseln auf ein Gebiet, über das diese zusammen gehen werden. Machen Sie dies um die Neumondzeit, drei aufeinander folgende Monate lang. Schützen Sie Ihre Hände, da Nesseln stechen und ernste allergische Reaktionen auslösen können. Innerhalb von drei Wochen, nachdem Sie das letzte Mal Nesseln verstreut haben, sollten Zeichen offensichtlich werden, dass das Ende der Beziehung in Sicht ist.

Eine Freundin, die lange Jahre in Arizona lebte, sagte, dass Sie Leute kenne, die für diesen Zauber Kaktusnadeln verwendet haben – mit gutem Resultat.

Thymian stärkt den Mut

Charakteristik: Nicht manipulativ
Anzahl der Utensilien: 1+
Zeitrahmen: Unterschiedlich
Bester Zeitpunkt: Bei Bedarf, am besten aber am Sonntag bei zunehmendem Mond

Thymian ist ein ausgezeichnetes Kräutlein, um mittels Magie Mut in das Leben von jemandem zu bringen. Er ist ebenfalls ein großartiges

Mittel, wenn man bei Entmutigung mentalen Auftrieb braucht. Wenn Ihre Liebeszauber nicht so schnell wirken, wie Sie das gerne hätten, geben Sie etwas magisch aufgeladenen Thymian in Ihr nächstes Essen. Das Kraut wird Sie in Ihrem Entschluss bestärken, Ihnen den Mut geben, weiterzumachen, und Ihre Selbstachtung erhöhen.

Komm ins Bett, meine Liebe

Charakteristik: Manipulativ
Anzahl der Utensilien: 1+
Zeitrahmen: Einige Minuten, der Zauber muss jedoch von Zeit zu Zeit neu aufgeladen werden
Bester Zeitpunkt: Vollmond; Dienstag

Überall auf der Welt hat man Kräuter verwendet, um einen zurückhaltenden Liebhaber auf Trab zu bringen. Experimentieren Sie mit den unten stehenden Kräutern und finden Sie heraus, welche bei Ihnen am besten wirken, indem Sie sie in einer Vollmondnacht unter Ihre Matratze legen.

Kräuter, um zurückhaltende Liebhaber auf Trab zu bringen

Avokado
Basilikum (fördert ebenfalls die Treue)
Koriander
Getrocknete Feigen
Zitroneneisenkraut
Linde
Pfirsichsteine
Pistazie
Granatapfel-Kerne
Reis (fördert ebenfalls die Fruchtbarkeit)
Rosmarin (kann mit Magie sexuelle Funktionsstörungen mit anderen Partnern bewirken)
Gartenraute
Sennespflanze
Tamarinde

Venusfliegenfalle
Eisenkraut
Weizen (fördert ebenfalls die Fruchtbarkeit)
Fieberwurzel

Den Kreis vollenden

Charakteristik: Manipulativ oder nicht manipulativ, in Abhängigkeit vom Ziel und der gewählten Formulierung
Anzahl der Utensilien: Nur Stift und Papier
Zeitrahmen: Die Formulierung der Sätze kann einige Stunden oder einige Tage in Anspruch nehmen; der Zauber sollte sooft wie möglich wiederholt werden, zu empfehlen sind drei- bis siebenmal die Woche
Bester Zeitpunkt: Unterschiedlich, in Abhängigkeit vom genauen Ziel und der Formulierung des Zaubers

Ich entdeckte die wirkungsvolle Magie der angelsächsischen Kreiszauber dank meiner Freundin und Autorin Patricia Monaghan, die diese mit überraschenden Ergebnissen eingesetzt hat. Der dabei zugrunde liegende Gedanke ist der, dass viele alte angelsächsische Gedichte eigentlich Zauber sind, die auf dem Kreisbild, einem Symbol für Vollständigkeit, basieren. Es gibt davon sowohl nette als auch niederträchtige Varianten und sie bieten einen kraftvollen Rahmen für die Zauberei.

Die Idee, die hinter diesen Zaubern steckt, ist täuschend einfach. Sie beginnen mit einer grundsätzlichen Erklärung Ihres Wunsches, dann verweben Sie einen Teil der Aussage mit dem nächsten Satz und diesen wiederum mit dem darauf folgenden, bis Sie auf diese Weise einen vollständigen Weg zurück zu Ihrem Ziel geschaffen haben. Wie jeden anderen Liebeszauber kann man auch diesen manipulativ gestalten oder allgemein halten.

Das Folgende ist ein Beispiel für einen Kreiszauber im manipulativen Stil. Es soll Ihnen ein Bild davon vermitteln, wie diese ausgeführt werden. Danach sollten Sie Ihren eigenen erschaffen, indem Sie Ihre eigene Situation und Ihre speziellen Bedürfnisse berücksichtigen.

Deine Gedanken sollen nicht mehr zerstreut sein,
mir zugewendet sollen sie ab heut sein.
Gedanken an mich werden unweigerlich zur Leidenschaft,
und diese zieht dich zu mir mit deiner eigenen Macht.
Und wenn du mir nahe bist, musst du mich berühren,
und nahe bleiben und alles lieben,
was du kannst sehen und fühlen.

Du träumst davon, mich zu halten und eng an dich zu ziehen,
wodurch unserer Fantasie die ganze Nacht werden
Flügel verliehen.
Dieser leidenschaftliche Gedanke zu mir sich dreht,
und durch die Kraft deiner Gedanken dein Körper brennt.
Dieses Brennen ist eine sehr tief gehende Kraft,
du willst mich an deiner Seite behalten.
Und du weißt, an meiner Seite ist es keine Sünde,
die lebenslange Liebesaffäre nun beginne,
sie beginnt, weil in deinen Gedanken von nun an
ich der Mittelpunkt nur sein kann.

Bemerken Sie, wie die Handlung in jeder Zeile eine Konsequenz hat für die folgende Zeile, bis das Ziel verbal erreicht ist. In diesem Beispiel ist es das Ziel, die Gedanken von jemandem ausschießlich auf die Person zu lenken, die den Zauber wirkt. Dieses Ziel wird sowohl am Anfang als auch am Ende des Sprechgesangs erklärt, womit der Zauber seine volle Kreisform erhält.

Meine magnetische Persönlichkeit

Charakteristik: Nicht manipulativ
Anzahl der Utensilien: 3-5
Zeitrahmen: Die Vorbereitungszeit kann mehrere Stunden in Anspruch nehmen, das tatsächliche Wirken des Zaubers kann jedoch nur einige Minuten lang andauern; Sie sollten den Talisman regelmäßig wieder aufladen, damit seine Kraft erhalten bleibt
Bester Zeitpunkt: Vollmond; Sonntag oder Dienstag

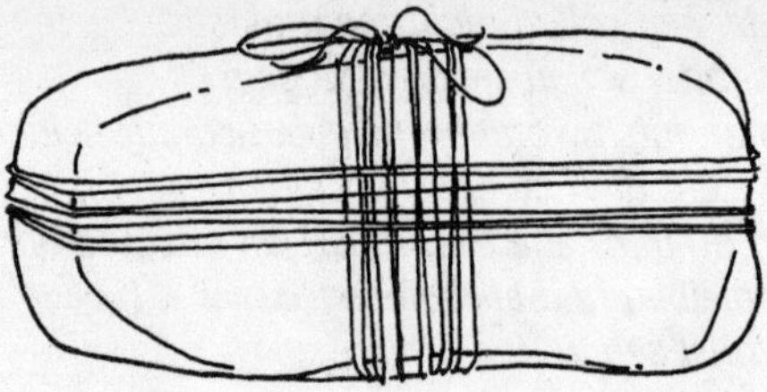

Abbildung 10: Ein verschnürter Magneteisenstein-Talisman

Die Methode zur Herstellung dieses Talismans ist abgeleitet von einer, die ein Freund von mir mit großem Erfolg eingesetzt hat. Er half ihm nicht nur, eine neue Romanze in sein Leben zu zaubern, sondern er fand auch heraus, dass Magneteisensteine sich sehr gut für dutzende von Zaubern eigneten, die alle in Kürze den erwünschten Zweck erfüllten.

Talismane – aus Magneteisenstein oder natürliche Magnete – sind ausgezeichnete Hilfsmittel, um Liebe anzuziehen. Sollten Sie keinen echten Magneteisenstein bekommen, können Sie diesen auch durch einen industriell gefertigten Magneten ersetzen, dieser wirkt jedoch nicht so gut wie das Naturgestein. Versuchen Sie auf jeden Fall einen echten Stein zu bekommen (in Edelstein- oder Okkultläden erhältlich), bevor Sie auf die handelsübliche Variante zurückgreifen.

Für diesen Zauber benötigen Sie ein Stück Papier, einen Stift, einen roten (für Leidenschaft) oder orangefarbenen (für Anziehung) Faden und Ihren Magneteisenstein.

Einige Tage bevor Sie mit der Herstellung des Talismans beginnen (idealerweise einige Tage vor Vollmond), sollten Sie Ihren Magneteisenstein täglich sooft wie möglich in die Hand nehmen. Seine Energien sollen mit den Ihrigen verschmelzen. Während Sie dies tun, ist es wichtig, dass Sie sich darauf konzentrieren, dass Sie diesen Talisman herstellen, um Liebe in Ihr Leben zu bringen. Visualisieren Sie den Talisman, den Sie machen werden, mit dem Magneteisenstein im Zentrum, wie er neue und interessante potenzielle Partner anzieht, sodass dieses Bild fest in den Magneteisenstein eingeprägt wird.

In einer Vollmondnacht nehmen Sie alle notwendigen Utensilien und ziehen sich an einen ungestörten Ort zurück. Auf dem Papierstück formulieren Sie ganz präzise, was der Talisman für Sie bewirken soll. Wenn Sie stärker visuell als verbal orientiert sind, möchten Sie vielleicht lieber ein Bild, das Ihr Ziel darstellt, auf das Papier zeichnen. Halten Sie sowohl Ihre Formulierungen als auch Ihre Zeichnung einfach und klar, sodass es für Ihr Unterbewusstsein leicht verständlich ist, was Sie zu erreichen versuchen.

Wenn Sie mit Ihren Worten oder dem Bild absolut zufrieden sind, legen Sie den aufgeladenen Magneteisenstein in die Mitte des Blattes. Schlagen Sie die Ecken des Papiers über den Magneteisenstein, während Sie sich auf Ihr Ziel konzentrieren. Vielleicht möchten Sie auch als Konzentrationshilfe ein oder zwei Zeilen singen, in denen Ihr Ziel wiederholt wird. Versuchen Sie das Blatt so klein wie möglich als Rechteck zu falten. Wenn es fest zusammengefaltet ist, nehmen Sie den Faden und beginnen diesen außen herumzuführen, so als würden Sie ein Geschenk einpacken. Wickeln Sie so viel Faden um das Päckchen, bis es fest verschnürt ist (siehe Abbildung 10). Während Sie dies tun, sollten Sie ein klares Bild vor Ihrem geistigen Auge haben, wie Ihr Talisman eine neue Liebe nach derem freien Willen an Sie bindet.

Tragen Sie den Talisman immer bei sich. Wenn er seinen Zweck erfüllt hat, nehmen Sie ihn auseinander und verbrennen oder vergraben Sie alle Einzelteile, sodass er keine weiteren Menschen mehr anzieht.

Der Liebes-Mandala-Talisman

Charakteristik: Manipulativ
Anzahl der Utensilien: 3+
Zeitrahmen: Das Erstellen des Mandalas kann mehrere Stunden oder mehrere Tage dauern
Bester Zeitpunkt: Zunehmender Mond; jeder Tag

Das Mandala, ein magisches Hilfsmittel aus dem Osten, ist über die letzten Jahrzehnte im Westen wieder sehr beliebt geworden. Es gibt viel Literatur und sogar Ausmalbücher zum Studium der Mandalas. Ein Mandala ist ein Kreisbild, zusammengesetzt aus einer zuvor festgelegten Anzahl von Punkten (z. B. Pentagon, Oktagon usw.), überlappenden und ineinander greifenden Quadraten, Dreiecken oder anderen Linien, die das Muster in sich perfekt ausbalancieren. Das Wort „Mandala“ ist Sanskrit und bedeutet so viel wie Kreis oder Zentrum. In der östlichen Tradition verkörpert das Mandala häufig das Selbst in Beziehung zum Makrokosmos und ist ein ausgezeichnetes Mittel, um das Sein zu zentrieren oder den Geist für kreative Magie zu öffnen.

Das Mandala für diesen Talisman wird geometrisch nicht exakt sein, was aber auch nicht notwendig ist. Was es jedoch sein muss, ist ein Kreismuster, in dem Ihr Name und die Eigenschaften (für nicht manipulative Magie) oder der Name (für manipulative Magie) der Person, deren Liebe Sie sich wünschen, um Symbole herumgewoben

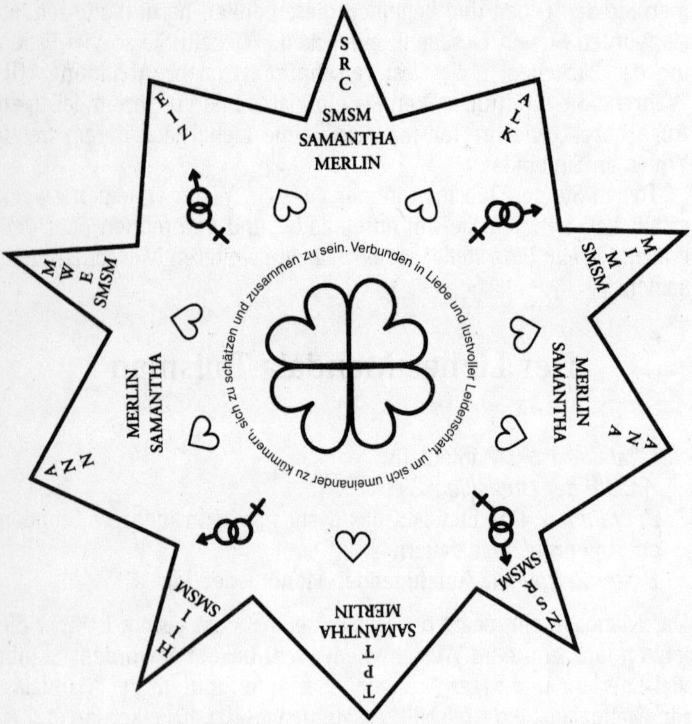

Abbildung 11: Ein Mandala-Talisman

werden, die Ihre Wünsche verkörpern. Für den Anfang können Sie sich an der Beispielzeichnung auf der letzten Seite orientieren (Abbildung 11). In diesem Beispiel für manipulative Magie werden Samantha Spinwick und Merlin Martinez mit dem Ziel einer leidenschaftlichen Liebesbeziehung vereint.

Sie benötigen dazu Füller, Filz- oder Holzstifte in verschiedenen Farben und einige Blatt unliniertes Papier. Sie müssen nicht auf Anhieb ein perfektes Mandala fabrizieren. Setzen Sie sich einfach hin und erlauben Sie es Ihren kreativen Zentren, sich zu öffnen, und beginnen Sie zu zeichnen. Sollte Ihnen eine Zeichnung nicht gefallen, legen Sie diese beiseite und beginnen Sie auf einem neuen Blatt Papier. Halten Sie Ihre Visualisierung während des ganzen Prozesses aufrecht. Selbst die Entwürfe, die Ihnen nicht gefallen, gehören zur Entstehung dieses Talismans und Magie steckt in jedem Teil des Schaffensprozesses.

Wenn Ihnen ein Muster zusagt, machen Sie davon mehrere Ausfertigungen. Das kann etwas ermüdend sein, vor allem wenn es sich bei Ihrem Muster um ein besonders farbenfrohes handelt. Das Vervielfältigen verfestigt jedoch die Idee Ihres Zieles auf allen Seinsebenen und hilft, dies zu einem wirkungsvollen Zauber zu machen.

Tragen Sie eine Ausfertigung bei sich, stellen Sie eine auf Ihre Frisierkommode oder an einen anderen Platz, wo Sie sie täglich sehen, und legen Sie eine weitere unter Ihr Bett. Jedes Mal, wenn Sie sie nun sehen, berühren Sie sie, senden Sie ihnen positive Gedanken und stärken Sie ihr Ziel durch Ihre Visualisierung. Außerdem sollten Sie täglich mindestens 20 Minuten damit verbringen, das Zentrum des Mandalas zu fixieren, während Sie an Ihr Ziel denken.

Nimm ein Pülverchen

Charakteristik: Manipulativ
Anzahl der Utensilien: 3+
Zeitrahmen: Eine Stunde für die Vorbereitung; die Handlung muss vielleicht wiederholt werden
Bester Zeitpunkt: Unterschiedlich

Zauberpulver sind in Mexiko und New Orleans sowie in der Voodoo-Tradition sehr beliebt. In der Regel bestehen sie zu drei Vierteln aus unwirksamem Basispulver, wie zum Beispiel Talk oder Stärkemehl, der Rest sind fein zermahlene Kräuter. Man kann diese Pulver auch schon fertig zubereitet in manchen Okkult-Shops erwerben. Wenn Sie genügend Zeit investieren, damit Ihre Energien mit denen des Pulvers zusammenfließen können, ist ihre Wirkung recht ordentlich.

Für diesen Zauber benötigen Sie etwas Talk oder Stärkemehl und eine kleine Hand voll verschiedener getrockneter Kräuter, die Ihr Pulver enthalten soll. Das hängt vom Ziel des Pulvers ab oder vom vorgegebenen Rezept. Sie können mit handelsüblichen, gemahlenen Kräutern, die man auch zum Kochen verwendet, Ihr Pulver herstellen. Sie erzielen jedoch größere magische Kraft, wenn Sie die Kräuter selbst zerkleinern. Mörser und Stößel sind alles, was hierzu erforderlich ist. Beides finden Sie oft recht preisgünstig in vielen Geschenk-, Okkult- oder Haushaltswarengeschäften.

Für jeden Zauber benötigen Sie nur etwa 2 Teelöffel magisches Pulver, deshalb sind die Mengen immer klein. Für jeden Einsatz des Pulvers benötigen Sie 1 ½ Teelöffel des unwirksamen Talkes oder der Getreidestärke und den Rest in Kräutern. Ignorieren Sie den unwirksamen Bestandteil und mischen Sie den restlichen ½ Teelöffel zu folgenden Anteilen zusammen:

Komm-zu-mir-Pulver

Um jemanden zu verführen
2 Teile Mastix
1 ½ Teile Lavendel
½ Teil Zitronengras oder Ginseng

Entzauberungspulver

Um einen Liebeszauber bei jemand anderem zu brechen
2 Teile Galgant
2 Teile Vetiveria
1 Teil Wintergrün oder Grüne Minze
1 Teil gemahlene Nüsse

Richtungswechselpulver

Um jemand von jemand anderem weg und zu Ihnen hin zu lenken
1 Teil Mullein
1 Teil Beifuß
1 Teil Dill

Lieb-mich-Pulver

Um Liebesgefühle bei jemand anderem auszulösen
3 Teile Rosmarin
½ Teil Schafgarbe
½ Teil Schwertlilienwurzel

Allgemeines Anziehungspulver

Um mehrere potenzielle Partner dazu zu bringen, auf sie aufmerksam zu werden
2 Teile Dill
1 Teil Majoran
1 Teil Katzenminze

Um *Männer* anzuziehen, fügen Sie ½ Teil Vanilleschote hinzu.
Um *Frauen* anzuziehen, fügen Sie ½ Teil Vanilleschote oder Zimt hinzu.

Lust-Pulver

Um leidenschaftliche Gefühle in jemandem zu wecken
3 Teile Hibiskus
2 Teile Damiana
1 Teil Zimt oder Piment

Treue-Pulver

Um sich jemanden treu zu halten, wenn man getrennt ist
4 Teile Gartenraute
½ Teil Rosmarin
½ Teil Basilikum oder Espenblätter

In der mexikanischen Überlieferung heißt es, damit die Pulver wirken, darf man nicht sehen, wie Sie sie verstreuen. Ebenfalls wird gesagt, dass Sie den Geburtsnamen der Person verwenden müssen, an die Ihre Pulver-Magie gerichtet ist.

Diesen herauszufinden verlangt von Ihnen vielleicht etwas mehr Mühe, kann Ihre Magie jedoch auch wesentlich wirkungsvoller machen, wenn Sie es auf einen bestimmten Menschen abgesehen haben. Wenn Sie den Namen kennen und wissen, dass man Sie nicht beobachtet, nehmen Sie das Pulver und gehen Sie dorthin, wo die Person oder der potenzielle Partner spazieren gehen wird, und verstreuen Sie es in diesen Bereich.

Versuchen Sie es mit der Erde oder dem Fußboden verschmelzen zu lassen, sodass es nicht entdeckt werden kann. Während Sie dies tun, sprechen Sie den Namen der Person aus oder – wenn Sie nicht manipulative Magie betreiben – nehmen Sie dafür die Worte „der richtige Mensch für mich, der ebenfalls sucht mich“ und beschreiben Sie auf einfache Weise Ihr Ziel. Gehen Sie weg, ohne in das Pulver zu treten.

Die verzauberte Türschwelle

Charakteristik: Nicht manipulativ
Anzahl der Utensilien: 1
Zeitrahmen: Einige Minuten zur Vorbereitung, die Stelle muss zuvor aufgeladen, der Vorgang möglicherweise wiederholt werden
Bester Zeitpunkt: Zunehmender Mond; jeder Tag

In den Appalachen wird gemahlener Rosmarin ohne Zusätze verwendet, um die Aufmerksamkeit von jemandem in Ihre Richtung zu ziehen. Während Sie das Folgende oder etwas Ähnliches singen, sprenkeln Sie Rosmarin über jede Türschwelle, von der Sie erwarten, dass ein potenzieller Partner diese überschreitet, während Sie sich im Inneren aufhalten:

Partner meiner Träume, komme durch meine Tür,
bleib in Liebe für immer hier bei mir.

Wenn ein Mann oder eine Frau, die ebenfalls Liebe suchen, durch Ihre verzauberte Tür geht und Sie sofort dort stehen sieht, wird dieser Mensch seine ganze Aufmerksamkeit auf Sie fixieren, bis er das Haus wieder durch die Zaubertür verlässt. Der Appalachen-Erzählung gemäß heißt es außerdem, dass auch wenn er Sie körperlich verlässt, sein Herz immer bei Ihnen bleiben wird.

Komm zu mir II

Charakteristik: Manipulativ
Anzahl der Utensilien: 6
Zeitrahmen: Einige Stunden zur Vorbereitung; Ausführung: drei Nächte in Folge
Bester Zeitpunkt: Bei Nacht, beginnend in der Nacht vor dem Neumond; jeder Tag

Voodoo ist eine der wenigen magischen Traditionen, die im Ganzen gesehen keine eigenständige Religion ist, sondern Aspekte aus vielen Glaubensrichtungen beinhaltet. Es steht in dem Ruf, starke Magie bewirken zu können, die in der Regel unmoralisch ist. Das Folgende ist ein Zauber, der auf Voodoo-Praktiken basiert und entwickelt wurde, um eine bestimmte Liebe anzuziehen.

Für diesen Zauber benötigen Sie eine kleine Glasschale, die zuvor noch nie benutzt wurde, eine Tasse Wasser aus einem Fluss, gemahlenen scharfen Pfeffer, gemahlenen Rosmarin, fünf Tropfen Jasminöl und einige Tropfen Ihres eigenen Blutes.

In einer Nacht mit zunehmendem Mond nehmen Sie alle Utensilien nach draußen an einen Ort, wo Sie nicht gesehen werden können, und mischen diese mit Ihren bloßen Händen, während Sie Ihr Ziel visualisieren. Nehmen Sie die Mixtur mit zum Haus Ihrer ersehnten Liebe und versprenkeln Sie sie um das Haus herum. Wiederholen Sie dies drei Nächte in Folge.

Einen Rivalen bannen

Charakteristik: Manipulativ
Anzahl der Utensilien: 5
Zeitrahmen: Einige Stunden für die Herstellung; Ausführung sieben Nächte in Folge
Bester Zeitpunkt: Direkt nach Vollmond beginnen; jeder Tag

Dieser Zauber entstammt ebenfalls der Voodoo-Tradition. Er bewirkt, dass ein Rivale sein Interesse an jemandem verliert. Hierfür benötigen Sie eine kleine Glasschüssel, die noch nie zuvor verwendet wurde, eine Tasse abgestandenes Wasser, zwei Teelöffel Essig, gemahlene Angelika sowie etwas Zitronensaft.

In einer Nacht bei abnehmendem Mond gehen Sie mit den Utensilien nach draußen und mischen mit einem Holzlöffel alle Zutaten zusammen. Während Sie die Mixtur nah an Ihr Gesicht halten, hauchen Sie in diese hinein und sprechen dabei das Ziel Ihres Zaubers aus. Spucken Sie in die Mischung, dann gehen Sie unbemerkt zur Haustür Ihres Rivalen und schütten sie davor aus. Machen Sie dies sieben Nächte in Folge.

Ihren Rivalen entdecken

Charakteristik: Nicht manipulativ
Anzahl der Utensilien: 2
Zeitrahmen: Einige Stunden; der Zauber muss jedoch wiederholt werden, wenn die ersten Bemühungen keine Resultate erbringen
Bester Zeitpunkt: Während einiger Vollmondtage (ein oder zwei Tage vor oder nach dem Vollmond, einschließlich der Vollmondnacht)

Wenn Sie nicht sicher sind, wer Ihr Nebenbuhler ist, Sie jedoch mehrere verdächtige Personen im Kopf haben, können Sie diesen Appalachen-Gebirgszauber ausprobieren, um die Identität der Person zu entdecken. Hierfür benötigen Sie einen Stock und ein Feuer, wie zum Beispiel eine Kerzenflamme.

Erhitzen Sie die Spitze des Stockes an der Flamme, bis sie buchstäblich feuerrot ist.

Dann gehen Sie damit nach draußen an einen Platz in der Nähe Ihrer Wohnung, den Ihr Partner überschreiten muss, wenn er zu Ihnen kommen will. Mit der feuerroten Spitze kritzeln Sie den Namen Ihres vermeintlichen Rivalen in die Erde. Der Name sollte nur von Ihnen leicht erkennbar, jedoch dennoch klar und deutlich sein. Gehen Sie sicher, dass Ihr Partner diesen Platz auch auf seinem Weg zu Ihnen überquert. Wenn Ihr Partner später über wunde oder brennende Füße klagt, haben Sie den Namen der richtigen Person niedergeschrieben. Kommt es zu keinen Beschwerden, wiederholen Sie den Zauber in der nächsten Nacht mit einem anderen Namen.

Denk nur an mich

Charakteristik: Manipulativ oder nicht manipulativ
Anzahl der Utensilien: 3
Zeitrahmen: Eine Stunde oder länger
Bester Zeitpunkt: Jeder windige Tag

Diesen Zauber, um die Gedanken eines Menschen in Ihre Richtung zu lenken, habe ich von derselben mexikanischen Curandera, die den Zauber für meine Freundin Maria erwirkte, deren Geschichte ich in Kapitel 1 erzählte. Dies ist eine sanftere Variante eines Liebeszaubers – eine, die auf dem feinen Grat zwischen freiem Willen und manipulativer Magie dahinzuwandeln scheint, sodass Sie es sich gut überlegen sollten, bevor Sie diesen Zauber anwenden.

Sie benötigen dafür einige Tropfen eines Parfüms oder Eau de Colognes, das Sie häufig auftragen, etwas gemahlenen Rosmarin und etwas gemahlenen Beifuß.

Außerdem ist es notwendig, diesen Zauber im Freien auszuführen, wobei der Wind aus östlicher Richtung kommen oder in die Richtung Ihres Zieles wehen muss.

Stellen Sie sich an einen Platz, an dem man Sie nicht sehen kann, Sie jedoch vom Wind umweht werden, und legen Sie etwas von den pulverisierten Kräutern auf Ihre Handflächen. Pusten Sie sie in den Wind, während Sie sich vorstellen, die Aufmerksamkeit der entsprechenden Person zu gewinnen. Als Nächstes, ohne den Staub der Kräuter von Ihren Händen zu wischen, geben Sie ein paar Tropfen des Parfüms oder Eau de Colognes in Ihre Handflächen. Reiben Sie diese fest aneinander, so als wollten Sie Wärme erzeugen, und stellen Sie sich vor, dass der Betreffende an Sie denkt. Machen Sie das so lange Sie können.

Reiben Sie mit Ihren Handflächen über Ihr Herz und versiegeln Sie den Zauber mit Worten wie diesen:

Wandernder Wind, meinen Zauber trag,
zu dem, der diesen gut kennen mag.
Kräuter und Duft sollen in seinen Geist einziehen,
lass alle seine Gedanken um mich sich drehen.

Tragen Sie das Parfüm oder Eau de Cologne, das Sie für diesen Zauber ausgewählt haben, wann immer Sie sich in der Nähe Ihrer Liebe befinden, um die Gedanken an Sie in seinem Kopf zu intensivieren.

Sag mir die Wahrheit

Charakteristik: Manipulativ oder nicht manipulativ
Anzahl der Utensilien: 2+
Zeitrahmen: 30 Minuten; wenn Sie den Wahrheitskatalysator mehr als einmal verwenden wollen, müssen Sie den Zauber mindestens einmal im Monat neu aufladen
Bester Zeitpunkt: Erstellen Sie den Wahrheitskatalysator bei Neumond, vorzugsweise an einem Mittwoch oder Samstag

Wahrheitszauber können sehr erhellend sein, sie können jedoch auch Leute dazu veranlassen, viele Wahrheiten auszuspucken, die

Sie gar nicht hören wollen. Ich wendete diesen Zauber vor einem Jahr an, weil ich das Gefühl hatte, gewissen Dingen auf den Grund gehen zu müssen, und war überrascht über die große Menge von Informationen, mit denen ich überschüttet wurde. Ich erfuhr viel mehr, als ich wissen wollte, darunter einige Dinge, die ich lieber nicht erfahren hätte. Die Moral von der Geschichte: Vergewissern Sie sich, dass Sie die Wahrheit auch hören wollen, bevor Sie versuchen, sie herauszubekommen.

Für diesen Zauber benötigen Sie eine Art Katalysator, der diesen auslöst und die Wahrheit veranlasst, aus den Menschen herauszufließen. Es muss etwas sein, das sichtbar ist und den anderen wie ein alltäglicher, harmloser Gegenstand erscheint, der niemanden zu Fragen veranlassen wird. Wenn Sie möchten, dass in Ihren vier Wänden die Wahrheit gesprochen wird, eignet sich hierfür eine Statuette oder anderer Nippes.

Wenn Sie außer Haus der Wahrheit begegnen möchten, wählen Sie am besten ein kleines Schmuckstück, das Sie offen tragen können. Zusätzlich benötigen Sie noch einige Primeln und Sonnenblumen, entweder die getrockneten Blüten oder deren ätherische Öle.

In der Nacht, in der der Mond wieder vom Dunkel ins Licht wandert – eine Zeit, die in der Magie mit Enthüllungen assoziiert wird –, nehmen Sie Ihren ausgewählten Wahrheitsgegenstand und drücken ihn gegen Ihre Stirn. Geistig drücken Sie dem Gegenstand seine Bestimmung als Entlocker der Wahrheit bei allen auf, die ihren Blick darauf richten. Von dem Moment an, in dem ihr Blick darauf fällt, bis zu dem, in dem sie seine Gegenwart wieder verlassen, können sie Ihnen nichts als die Wahrheit über alle Angelegenheiten, über die gerade gesprochen wird, erzählen.

Reiben oder salben Sie den Gegenstand mit den Primeln und Sonnenblumen ein. Beide Blüten werden damit in Verbindung gebracht, die Wahrheit ans Licht zu bringen. Während Sie das tun, sprechen Sie Worte wie diese:

(Name des Gegenstandes), steh wie ein Schutzwall,
um zu entlocken die Wahrheit dem einen und allen.
Jeder, der spricht, nachdem er dich erblickt,
dem nur noch die Wahrheit entrückt.

Damit Ihr Wahrheitsgegenstand auch optimal funktioniert, reiben Sie ihn monatlich bei Vollmond mit Primel und Sonnenblume ein, während Sie die gewünschte Funktion visualisieren.

Sexuelles Durchhaltevermögen

Charakteristik: Nicht manipulativ
Anzahl der Utensilien: 5+
Zeitrahmen: Etwa eine Stunde, um den Trank richtig vorzubereiten und aufzuladen
Bester Zeitpunkt: Sonnenunter- oder Sonnenaufgang; zunehmender Mond; Dienstag

Sowohl in der Voodoo-Tradition als auch in der mexikanischen Tradition ist Honig der Hauptbestandteil für die Grundlage eines süßen Mixgetränks, das das sexuelle Durchhaltevermögen steigert. Genießen Sie diesen Schlummertrunk zusammen mit Ihrem Partner, wenn Sie Ihren nächsten romantischen Abend planen.

In einem Cocktail-Shaker mixen Sie 3 Tassen Pfirsichsaft, ½ Tasse frische Erdbeeren, 2 Esslöffel Avokado, 1 frischen Pfirsich und ½ Tasse Honig. Der Voodoo-Tradition nach gibt man noch 1 oder 2 Tropfen Anisöl zu der Mischung. Wenn Sie den Geschmack von Anis mögen, sollten Sie es versuchen.

Talisman, um Ihren Partner vor anderen zu schützen

Charakteristik: Manipulativ, außer Sie haben dazu das Einverständnis Ihres Partners
Anzahl der Utensilien: Etwa 6
Zeitrahmen: Eine Stunde
Bester Zeitpunkt: Bei Neumond oder während einer Mondfinsternis, Sonntag oder Dienstag

Wenn Sie sich sorgen, dass Ihnen jemand Ihren Partner abspenstig machen könnte – vor allem mittels Magie –, wird dieser Talisman ihn beschützen, sofern Sie Ihren Partner dazu bringen können, ihn ständig bei sich zu tragen. Hierfür benötigen Sie Basilikum oder Espenlaub, etwas Angelika oder Gartenraute und ein Stück Filz oder Stoff in Weiß oder Gold. Vielleicht möchten Sie auch noch ein kleines Foto dazulegen, das Sie beide glücklich zusammen zeigt. Wenn Sie kein Foto besitzen, können Sie stattdessen auch ein paar Fingernägel-Schnipsel oder jeweils eine Haarlocke von Ihnen beiden beigeben.

Nachdem jeder Gegenstand von Ihnen magisch aufgeladen wurde, legen Sie alles in das Stück Stoff oder den Filz und nähen es zu. Ihr Partner soll dies bei sich tragen, bis Sie das Gefühl haben, dass es nicht länger notwendig ist.

Einen Liebeszauber, der auf Ihnen liegt, brechen

Charakteristik: Nicht manipulativ
Anzahl der Utensilien: 3-7
Zeitrahmen: Die korrekte Ausführung des Zaubers dauert etwa eine Stunde und muss eventuell neun Nächte in Folge wiederholt werden
Bester Zeitpunkt: Abnehmender Mond; jeder Tag, funktioniert jedoch am besten nach Einbruch der Dunkelheit

Wenn Sie das Gefühl haben, dass ein Liebeszauber über Sie gesprochen wurde, gibt es einige Wege, um diesen zu brechen oder rückgängig zu machen.

Bei abnehmendem Mond nehmen Sie einen kleinen Spiegel, eine schwarze Kerze und eine kleine Schüssel mit Wasser. Zünden Sie die Kerze an, sodass die Flamme zusammen mit Ihrem Gesicht vom Spiegel reflektiert wird. Visualisieren Sie, wie alle negativen Absichten des Zaubers zum Sender zurückkehren, während Sie langsam Ihr Gesicht vom Spiegelbild entfernen. Während die Kerze niederbrennt, ersticken Sie die Flamme in der Wasserschüssel, wobei Sie sich vorstellen, dass ebenso die Flamme der Leidenschaft dieser Person für Sie erlischt.

Sie können auch Gartenraute um Ihr Haus herum verteilen oder bei sich tragen. Gartenraute wird mit Liebeszaubern assoziiert, aber ist in Europa auch für seine exzellenten Eigenschaften beim Brechen von Flüchen bekannt. Verschließen Sie Gartenraute in kleinen Beutelchen und verteilen Sie diese in Ihrer Wohnung, um Sie davor zu bewahren, dass negative Magie nochmal in Ihre Richtung wirkt.

Bei abnehmendem Mond bedienen Sie sich einer weißen Kerze, die die Leidenschaft dieser Person für Sie verkörpert, und salben Sie sie mit Kampferöl ein. Kampfer wird oft in Zaubern verwendet, um Lust und Leidenschaft zu mindern. Entzünden Sie die Kerze, sodass sie in der ersten Nacht zu einem Neuntel abbrennt.

Während Sie die brennende Kerze betrachten, stellen Sie sich vor, wie alle Leidenschaft für Sie zu einem Nichts verbrennt, ebenso wie die Kerze. Machen Sie dies neun Nächte in Folge.

Wenn Sie spüren, dass ein Liebeszauber gegen Sie schon zu wirken beginnt, verwenden Sie Lotusöl, um diesen umzukehren. Dieses Öl wird häufig in Zaubern eingesetzt, um Schlösser aufzubrechen, sowohl im wortwörtlichen als auch im übertragenen Sinn. Reiben Sie mit dem Öl Schlüsselpunkte Ihres Körpers ein, jede Nacht und jeden Morgen, während Sie sich vorstellen, wie das riesige Schloss, das Sie gefangen hält, aufspringt und Sie frei sind.

Ihren Geliebten von einem Liebeszauber befreien

Charakteristik: Manipulativ, außer Sie haben die Einwilligung Ihres Geliebten
Anzahl der Utensilien: 1
Zeitrahmen: Etwa eine Stunde für die Vorbereitung, muss jedoch wöchentlich wiederholt werden, wenn die Bedrohung noch immer vorhanden ist
Bester Zeitpunkt: Zunehmender Mond; vorzugsweise an einem Samstag

Wenn Sie den Verdacht haben, dass Ihr Geliebter mit einem Liebeszauber belegt wurde, haben Sie verschiedene Möglichkeiten, um Ihre älteren Ansprüche zu schützen. Wenn Ihr Geliebter zustimmt, können Sie eine der Techniken aus dem vorangegangenen Zauber verwenden. Wenn er nicht zustimmt oder Sie Angst haben, das Thema anzusprechen, können Sie eine der folgenden Methoden versuchen.

Echte Einkornwurzel ist ein exzellentes Mittel, um Zauber über weite Entfernungen zu brechen. Ihr Geliebter muss nie erfahren, dass Sie für ihn gehandelt haben. Ritzen Sie in die Wurzel den Namen Ihres Geliebten, dann teilen Sie sie in zwei Stücke, wobei Sie sich vorstellen, dass der negative Zauber gebrochen wird. Vergraben Sie die beiden Teile weit weg voneinander. Wiederholen Sie dies wöchentlich, wenn notwendig.

Wenn Sie wissen, wer den Zauber bewirkt hat, können Sie den Namen dieser Person zusammen mit einem Symbol für den Zauber (z. B. ein Herz oder eine Zeichnung von Hochzeitsringen) auf ein Stück Papier schreiben. Dies sollten Sie wenn möglich mit dem dunkelroten Stein oder Drachenblut machen. Danach rollen Sie es sehr eng zu einem Ball zusammen. Verbrennen, vergraben oder versenken Sie das Papier, um den Zauber zu erden.

Oder nehmen Sie Angelika zu Hilfe. Angelika ist ein Kraut, das in vielen Arten von Bannzaubern verwendet wird. Verbrennen Sie getrocknete Angelika, während Sie die Flamme mit Papierschnipseln füttern, auf die Sie den Namen der Person geschrieben haben, die den unerwünschten Zauber gewirkt hat. Während Sie das tun, singen Sie etwas wie:

Ich will nicht, dass du zu Schaden kommst,
doch diese Worte der Wahrheit du beachten sollst:
Geerdet und beendet muss dein Zauber sein,
(Name des Geliebten) ist mein.

Badezauber

Charakteristik: Manipulativ oder nicht manipulativ
Anzahl der Utensilien: Unterschiedlich, aber in der Regel 3-4
Zeitrahmen: Etwa eine Stunde pro Bad
Bester Zeitpunkt: Unterschiedlich

Das Eintauchen in Wasser trägt das Bild von Wiedergeburt, Erneuerung und Veränderung in sich, das immer noch in religiösen Ritualen eingesetzt wird. Deshalb ist es keine Überraschung, dass magische Bäder schon im Altertum genommen wurden. Richtig angewendet können sie mächtige Werkzeuge der Magie sein. Häufig werden sie jedoch in der modernen Zauberkunst ausgeklammert – und zwar aus zwei Gründen. Erstens: Sie sind zeitaufwendig. Nur wenige Menschen in unserer gehetzten Gesellschaft haben Zeit für ein gemütliches Bad und es kommt einem auch nicht unmittelbar im Zusammenhang mit Zaubern in den Sinn. Zweitens: Aufgrund des bereits genannten ersten Grundes haben einige moderne Häuser und Wohnungen gar keine Badewannen mehr, sondern nur noch schnittige Duschvorrichtungen für schnellen Ein- und Ausstieg und einfache Wartung.

Für jedes magische Bad, das Sie nehmen, benötigen Sie nur sehr wenige Zutaten. Sie bereiten kein Festmahl vor, sondern Sie arbeiten mit Energien und das können Sie tun, ohne Berge von Kräutern über sich zu schütten. Außerdem brauchen Sie ein Gazetuch oder etwas anderes, um die Kräuter zusammenzuhalten, sodass ihre Energien in Ihr Badewasser übergehen können, ohne den Abfluss zu verstopfen. Ich habe diesen Ratschlag leider nicht beachtet, als ich vor einigen Jahren mit magischen Bädern begann, was mit einer kostspieligen Reparatur endete. Dabei zusehen zu müssen, wie ein teurer Klempner die Überreste Ihres Zaubers aus dem klebrigen Zeug in Ihren verstopften Rohen hervorzieht, ist alles andere als magisch. Ein kleines Stückchen Faden und ein schneller Gang ins Küchen- oder Stoff-Fachgeschäft vor einem magischen Bad wird Ihnen später viel Ärger ersparen.

Flüssige Zutaten können entweder mit den trockenen vermischt oder getrennt ins Badewasser gegeben werden. Ätherische Öle sollten Sie immer sparsam verwenden. Sie können die Haut sehr stark reizen und ihr Geruch kann in einem kleinen Raum übermächtig werden. Ein einziger Tropfen reicht in der Regel für die Magie aus.

Wenn Sie den Zweck des Bades festgelegt und alle notwendigen Kräuter beisammen haben, laden Sie jedes Kraut auf, indem Sie es einzeln berühren, um so Ihre eigenen Energien mit denen des Kräutleins verschmelzen zu lassen. Dabei visualiseren Sie das gewünschte Ergebnis. Verschnüren Sie die Kräuter in dem Tuch und legen Sie das Bündel in die Wanne, während Sie das Badewasser einlassen. Auch diese Handlung sollte ein Teil der Magie sein. Ziehen Sie Ihre Hände durch das Wasser, während sich die Wanne füllt und geben Sie sich einem Tagtraum hin, in dem Sie Liebe gewinnen und behalten. Vielleicht möchten Sie sogar eine Kerze in einer Farbe entzünden, die Ihrem Ziel entspricht und in deren Schein Ihr Bad nehmen. Wenn Sie in die Wanne steigen, befehlen Sie jeder Pore und jeder Zelle Ihres Körpers, sich für die Energien der Kräuter zu öffnen, sodass diese mit Ihrer eigenen Energie zusammenfließen und verschmelzen können. Das ist die ganze Hintergrundidee: die Kraft der Pflanzen mit Ihrer Kraft verschmelzen zu lassen, sodass Sie noch nachstrahlen, lange nachdem Sie aus dem Bad gestiegen sind.

Lassen Sie sich nicht von der Zeit sparenden Versuchung verlocken, Ihr tägliches Bad zusammen mit Ihrem magischen Bad zu nehmen. Wenn Sie nicht gerade einen Heilungszauber ausführen oder einen, um negative Einflüsse abzuwaschen, lassen sich die beiden nicht gut vereinen. Während Ihres magischen Bades müssen Sie immer Ihr Ziel im Kopf behalten. Wenn Sie wirklich wollen, worauf Sie hinarbeiten, sollte diese Zeit für das Tagträumen und Fantasieren eine Freude und keine Arbeit für Sie sein.

Die folgenden Formeln sind Vorschläge für Bäder, die ich entweder selbst oder die Freunde von mir erfolgreich angewendet haben. Es sind nicht die einzig möglichen Kombinationen. Wenn Sie eine spezielle Zutat nicht finden können, allergisch darauf reagieren oder einfach das Gefühl haben, dass Sie mit deren Energien nicht zurechtkommen, so gibt es eine Vielzahl von Ersatzkräuter. Im Anhang A finden Sie eine Liste.

Um generell Liebe anzuziehen I

½ Teelöffel Dill
¼ Teelöffel Rosmarin
¼ Teelöffel Lavendel
1 Esslöffel Zitronensaft

Um generell Liebe anzuziehen II

Einige Rosen-Blütenblätter oder ein Tropfen Rosenöl
½ Teelöffel Majoran
Eine Prise Gartenraute
Ein Rosenquarz oder Beryll

Um generell Liebe anzuziehen III

¼ Teelöffel pulverisierte Schwertlilienwurzel
1 Esslöffel Schafgarbe
¼ Teelöffel Rosmarin
Eine Prise Eisenkraut

Um sich auf Liebeswahrsagung vorzubereiten

⅛ Teelöffel Baldrian oder Katzenminze
⅛ Teelöffel Wermut
Eine Prise Augentrost
Ein Kristall (freigestellt)

Um neue Freunde anzuziehen

½ Teelöffel Mate oder Salbei
1 Esslöffel Ananassaft
Etwas Brot

Um bei anderen Lust zu erwecken

¼ Teelöffel Wintergrün
Eine Prise Hibiskus
Eine Prise Damiana
Ein Rubin (freigestellt)

Um bei anderen Lust zu mindern

½ Teelöffel Eisenkraut
Eine Prise Salz oder Asche von einem offenen Kamin oder verbranntem Holz
Eine Prise Kampfer oder ein Tropfen Kampferöl

Um jünger auszusehen

2 Esslöffel Hafermehl
1 Tropfen Anisöl
½ Teelöffel Ginseng
¼ Teelöffel Frauenhaarfarn

Um Schönheit hervorzubringen

¼ Apfelsaft
½ Teelöffel getrocknete Orangenschale
1 Pfirsichstein
Etwas Avokado

Um Ihre Flirt-Seite herauszukehren

13 Gänseblümchen-Blütenblätter
1 Teelöffel Lavendel
Eine Prise Zimt

Um einen Liebeszauber gegen Sie zu brechen

3 ganze Gewürznelken
Eine Prise roter Pfeffer
1 Teelöffel Zaubernuss

Um jemanden dazu zu bringen, dass er nicht mehr in Sie verliebt ist

¼ Limone oder 1 Dattelpflaume
2 Esslöffel Essig
1 Teelöffel Salz
Asche

Eine alte Flamme neu entzünden

Charakteristik: Manipulativ, wenn Ihnen die frühere Geliebte nicht ihr Einverständnis zu dem Zauber gegeben hat
Anzahl der Utensilien: 3
Zeitrahmen: Anfangs etwa eine Stunde; die Ausführung zieht sich über mehrere Tage
Bester Zeitpunkt: Zunehmender Mond; Dienstag oder Freitag

Manchmal suchen wir nicht so sehr nach einer neuen Liebe, sondern wollen vielmehr das Interesse einer alten wiedergewinnen. Der Grund hierfür kann sein, dass die Beziehung zerbrochen ist oder dass Zeit und Familie die Leidenschaft einfach zum Schwinden gebracht haben.

Um die alte Flamme neu zu entfachen, brauchen Sie eine rote Kerze, eine Hand voll Bohnen (getrocknete sind am besten) und eine kleine hitzebeständige Schüssel. Wenn Sie Ihre Kerzen in einem Okkultladen kaufen, finden Sie vielleicht sogar eine mit dem Bildnis eines Menschen oder in Form eines Frauen- oder Männerkörpers. Diese eignen sich sehr gut, um den Zauber zu verstärken.

Setzen Sie sich vor die noch nicht entzündete Kerze und stellen Sie sich vor, wie die Dinge früher zwischen Ihnen und Ihrer alten Liebe waren. Machen Sie die Bilder real, so als würden Sie sie tatsächlich nochmal erleben. Wenn Sie dieses warme, nostalgische Gefühl in Ihrem Inneren verspüren, entzünden Sie die Kerze und lassen Sie Ihre Energie und Ihren Wunsch in die Flamme fließen. Nun stellen Sie sich vor, dass dies die Flamme der Leidenschaft Ihrer alten Liebe ist, die wieder entfacht wurde.

Nachdem Sie die Bohnen mit Magie aufgeladen haben, legen Sie sie in die hitzebeständige Schüssel und bewegen Sie sie im Uhrzeigersinn über der Flamme, während Sie diese als Katalysator visualisieren, der Ihre alte Liebe dazu bringen wird, Sie wieder aufzuspüren.

Später werfen Sie die Bohnen in den Hof Ihrer alten Liebe oder an eine andere Stelle, an der sie regelmäßig vorübergeht. Brennen Sie die Kerze mindestens eine Stunde an den zwei folgenden Tagen an und visualisieren Sie dabei Ihr Ziel.

Die Flamme neu entfachen oder es in Schwung bringen

Charakteristik: Manipulativ
Anzahl der Utensilien: 3
Zeitrahmen: Anfangs eine Stunde; die Ausführung zieht sich über mehrere Tage hin
Bester Zeitpunkt: Zunehmender Mond; Dienstag oder Freitag

Im amerikanischen Südwesten gibt es noch eine Variante des letzten Zaubers. Anstelle der Bohnen nimmt man dort Wacholderbeeren. Dies sind keine richtigen Beeren, sondern blau-graue Schoten, die der Strauch während der Fortpflanzungszeit produziert. Diese Beeren können sowohl dafür verwendet werden, eine alte Flamme neu auflodern zu lassen, als auch um eine neue Liebe zu Ihnen zu rufen.

Liebesträume herbeiführen

Charakteristik: Nicht manipulativ
Anzahl der Utensilien: 3
Zeitrahmen: Weniger als eine Stunde für das Vorbereiten und Aufladen
Bester Zeitpunkt: Innerhalb einiger Vollmondnächte; Montag oder Freitag

Sie können Träume von Ihrer zukünftigen Liebe heraufbeschwören, indem Sie eine Muschel oder einen Rosenquarz, Jasminweihrauch oder -öl oder Jasmintee verwenden.

Die Jasminartikel finden Sie in Gesundheitsläden oder Okkultshops. Seien Sie vorsichtig, wenn Sie mit Jasmin arbeiten. Er hat einen sehr starken Geruch, für Ihr Vorhaben genügt jedoch ein bisschen Duft und etwas Geschmack. Da Jasmin anfangs recht mild riecht, wird man leicht dazu verführt, mehr zu nehmen als notwendig. Bei einem Versuch, prophetische Träume herbeizuführen, nahmen eine Freundin und ich zu viel Jasmin, worauf uns fürchterlich schlecht wurde. 15 Jahre später wird uns beim Geruch von Jasmin immer noch übel.

Bestreichen Sie eine Muschel oder einen Rosenquarz mit einem Tropfen Jasminöl oder ziehen Sie diese durch Jasminweihrauch, wobei Sie sie als Talismane für prophetische Liebesträume aufladen. Die Muschel bzw. den Rosenquarz legen Sie dann unter Ihr Kissen.

Bevor Sie zu Bett gehen, brühen Sie etwas Jasmintee auf und trinken Sie diesen langsam. Denken Sie dabei an das, wovon Sie träumen möchten. Konzentrieren Sie sich auf das Öffnen Ihrer geistigen Zentren für zukünftige Bilder von Ihnen und einer neuen Liebe. Während Sie noch in diesem entspannten Zustand sind, gehen Sie so bald wie möglich zu Bett. Ihre Küche können Sie auch noch am nächsten Tag aufräumen.

Behalten Sie das Bild, wovon Sie träumen möchten, im Kopf, bis Sie einschlafen und sich Träume von zukünftigen Romanzen einstellen. Vielleicht möchten Sie sogar ein kurzes Mantra schreiben oder auswendig lernen oder ein Reimpaar immer und immer wieder vor sich hin sprechen, während Sie in den Schlaf fallen. Etwas Einfaches und Rhythmisches eignet sich am besten. Probieren Sie eines der folgenden Reimpaare oder verwenden Sie sie als Muster, um Ihre eigenen zu erfinden:

1. Träume von Liebe kommt zu mir,
wahr und klar sie stehn vor mir.

2. Träume kann ich sehen, von der Liebe, die wird geschehen.

3. Nacht bricht herein, Dunkelheit senkt sich hernieder,
hier im Schlummer, träum ich von der Liebe.

Ersuchen an das Göttliche

Charakteristik: Nicht manipulativ
Anzahl der Utensilien: 2-3
Zeitrahmen: Etwa 30 Minuten für jede Ausführung; muss mindestens drei Mal pro Woche, mindestens einen Monat lang wiederholt werden
Bester Zeitpunkt: Jede Mondphase; am besten nach Einbruch der Dunkelheit an jedem Wochentag, den Sie am ehesten mit Ihrer Gottheit oder Ihrem Schutzheiligen in Verbindung bringen

Diesen Liebeszauber hat die Curandera Lupita, über die Sie in Kapitel 1 gelesen haben, vor allem Frauen empfohlen. Wie die meisten mexikanischen Zauber verbindet auch dieser alte Volksmagie mit traditionellem Katholizismus. Der zugrunde liegende Gedanke ist, dass Liebe göttlich ist und, um diese zu erhalten, die Intervention einer höheren Kraft notwendig ist, die sich für Sie einsetzt. In diesem Fall rufen wir die Jungfrau von Guadeloupe an, eine Erscheinung der Jungfrau Maria, die in Mexiko Anfang des 20. Jahrhunderts auftauchte. Warum sie ausgewählt wurde, würde Lupita so begründen: „Wer kennt die Sehnsüchte eines Frauenherzens besser als die Mutter Gottes?"

Kerzen mit ihrem Bildnis gibt es in vielen gut sortierten Okkultläden. Sollten Sie keine dieser Kerzen finden, können Sie jede weiße oder hellblaue Kerze verwenden, die einfach unterteilt werden kann, um mindestens eine Stunde pro Tag, sieben Tage lang zu brennen.

Wenn Ihnen die Idee dieses Zaubers zusagt, Sie jedoch Probleme damit haben, Maria um Beistand zu ersuchen, können Sie an ihrer Stelle jeden persönlichen Schutzheiligen einsetzen – den Erzengel Uriel etwa – oder sogar den Zauber neu formulieren, indem Sie viele pagane Gottheiten anrufen. Dies bestimmen Sie ganz alleine. Das Göttliche erscheint in vielen Formen und trägt viele Namen und keiner ist stärker oder besser als ein anderer. Am besten wird der Zauber funktionieren, wenn Sie mit dem Bildnis einer Gottheit arbeiten, an die Sie auch fest glauben.

Für diesen Zauber benötigen Sie die zuvor beschriebene Kerze, ein hellblaues Stück Stoff, etwa in der Größe eines Taschentuchs, und etwas Rosmarin. Planen Sie sorgfältig, wenn Sie diesen Zauber ausführen wollen. Er wird jeden Tag um dieselbe Uhrzeit eine Stunde Ihrer Zeit beanspruchen. Laut Lupitas Ratschlag funktioniert er am besten bei Tagesanbruch oder direkt nach dem Aufstehen.

Wenn Sie bereit sind, den Zauber zu wirken, setzen Sie sich bequem vor die Kerze und sprechen Sie zu der Jungfrau oder dem anderen Bildnis des Göttlichen, mit dem Sie arbeiten möchten. Sie können Teile aus traditionellen Gebeten verwenden oder Ihr Herz sprechen lassen. Wichtig ist, dass Sie diese Gottheit ganz klar wissen lassen, was Sie erbitten. Sprechen Sie die Anrufung mehrer Male laut, bis es sich wie eine lange Litanei anhört. Bei einem nicht manipulativen Zauber kann dies folgendermaßen lauten:

Heilige Maria, Jungfrau von Guadeloupe,
Mutter meines Herrn Jesus Christus,
ich bitte dich heute Morgen, in meine Seele zu blicken
und mich der Liebe für würdig zu befinden.
Bring ihn zu mir, der ebenso nach Liebe sucht –
meinen Seelengefährten, den Partner, den du mich lieben lässt
und der mich lieben wird für den Rest unseres Lebens.
Du, die du die Sehnsüchte, Schmerzen
und Geheimnisse einer Frau kennst.
Darum bitte ich demütig im Namen meines Herren.

Wiederholen Sie dies so lange, wie es Ihnen möglich ist. Wenn Sie das Gefühl haben, dass die Energie der Anrufung zu schwinden beginnt, halten Sie einen Moment inne und betrachten Sie einfach die

Kerzenflamme, wobei Sie sich Ihre Bitte als manifestiert und vollständig vorstellen.
Der letzte Schritt ist es, ein Rosmarin-Bad zu nehmen. Wenn Sie keine Badewanne haben, reicht ein Waschbecken gefüllt mit Wasser, in das Sie den Rosmarin geben und in das Sie einen Schwamm, mit dem Sie sich abwaschen, eintauchen. Meine Freundin Maria zieht es vor, diesen Zauber ganz im Badezimmer auszuführen. Sie verbindet Ihre Kerzenbetrachtung mit dem Baderitual. Dies erspart ihr Zeit und sie hat das Gefühl, dass der Zauber stärker wird, wenn beide Komponenten zusammen praktiziert werden.

Räucherwerk für die Liebeswahrsagung

Charakteristik: Nicht manipulativ
Anzahl der Utensilien: 4+
Zeitrahmen: Mehrere Stunden für das Aufladen und die Vorbereitung, wenn Sie die Kräuter selbst zerkleinern wollen
Bester Zeitpunkt: Vollmond; Sonntag, Montag oder Freitag

Sie können Räucherwerk herstellen, der Ihre Liebeswahrsagungen unterstützt oder selbst als Wahrsage-Hilfsmittel funktioniert. Für dieses Räucherwerk vermengen Sie 1 Teil Wermut, 2 Teile Huflattich und 3 Teile Lavendel. Zerstoßen Sie die getrocknete Kräutermischung und streuen Sie sie über die Räucherkohle (erhältlich in Okkultshops oder über den Direktversand). Verwenden Sie das Räucherwerk, um sich in die richtige Stimmung für jede Form von Wahrsagung bezüglich Liebe und Romantik zu versetzen.

Sie können es auch alleine in einem Wahrsageprozess verwenden, der Rauchwahrsagung. Hierbei müssen Sie in den Rauch sehen – das bedeutet, leicht vor sich hinzublicken, wobei Sie Ihren Geist auf eine einzelne Sache konzentrieren –, um Visionen von Ihrer zukünftigen Liebe zu erfahren. Das Sehen erfordert Übung und es liegt nicht jedem. Aber mit etwas Geduld wird jeder zu einem Ergebnis kommen. Der Trick ist, vor sich hinzublicken und nicht zu starren. Blinzeln Sie ruhig, wenn Sie das Bedürfnis haben, und wenn Ihr Geist wandert, holen Sie ihn einfach wieder zur Sache zurück, ohne Aufregung und Hektik.

Haar-Magie

Charakteristik: Manipulativ oder nicht manipulativ
Anzahl der Utensilien: 2-4
Zeitrahmen: Unterschiedlich
Bester Zeitpunkt: Unterschiedlich, in der Regel aber am besten nach Einbruch der Dunkelheit bei zunehmendem Mond

Das Haar auf unserem Kopf ist voll unangezapfter magischer Energie. Haar-Magie war in vergangenen Jahrhunderten sehr beliebt, doch fiel sie in der letzten viktorianischen Periode in Ungnade, als Ideen, wonach Haare mit der Seele und den Geistern der Vorfahren verbunden seien, als primitiv zu gelten begannen. Obwohl Haare heutzutage in erster Linie mit dem Erscheinungsbild eines Menschen verbunden werden, ist die dem Haar innewohnende magische Energie nach wie vor da, und seine verborgene Kraft wurde durch die aktiven Anhänger der Magie wieder entdeckt.

Im Folgenden werden einige der vielen Möglichkeiten beschrieben, wie Haar in der Liebesmagie verwendet werden kann.

1. Um sich selbst für das andere Geschlecht attraktiv zu machen, waschen Sie Ihr Haar mit einer Mischung aus Zitrone und Lavendel. Um jemanden dazu zu bringen, dass er aufhört Sie zu lieben, verwenden Sie Süßholz.
2. Um sich einen Partner treu zu halten, binden Sie ein Stück Ihres Haares mit dem seinigen zusammen und platzieren Sie dies unter Ihrer Matratze.
3. Bürsten Sie Ihr Haar in einer Winternacht und erzeugen Sie dabei statische Elektrizität, während Sie daran denken, jemanden auf sich aufmerksam zu machen. Dieser jemand wird Sie am nächsten Tag aufsuchen.
4. Kurz vor Sonnenuntergang setzen Sie sich vor einen Spiegel und beugen sich vorne über, wobei Sie Ihr Haar über das Gesicht bürsten. Denken Sie an Ihren Wunsch, ein Bild Ihrer zukünftigen Liebe zu sehen. Spähen Sie durch das Haar in den Spiegel. Sie sollten nun eine Vision Ihres zukünftigen Partners erblicken.
5. Geflochtenes Haar wurde von keltischen Frauen in der Bindungsmagie eingesetzt. Obwohl geflochtenes Haar die akzeptierte Haar-

tracht sowohl bei den keltischen Männern als auch bei den Frauen war, glaubte man, dass der Zopf einer Frau dafür verwendet werden konnte, einen Zauber auf einen Mann zu legen. Deshalb mussten Frauen zur Hochzeit mit offenen Haaren kommen. Es ist immer noch eine Tradition in der keltischen Magie, dass die Frauen ihr Haar bei Zaubern oder magischen Ritualen offen tragen. Flechten Sie Ihr Haar, während Sie den Namen Ihres Geliebten vor sich hinsingen, um diesen an sich zu binden.

6. Um eine neue Liebe in Ihr Leben zu ziehen, werfen Sie drei Strähnen Ihres Haars in einen Westwind. In vielen Kulturen wird es jedoch als „unsicher" betrachtet, Haare oder Nägel wegzuwerfen, da sie von jemandem gefunden und gegen Sie in negativer Magie verwendet werden könnten.
7. In den Appalachen nehmen Frauen eine Strähne ihres Haares und binden diese an einen Ehering – ihren eigenen oder einen geliehenen –, um es als Wahrsage-Instrument, als so genanntes Pendel, zu verwenden. Pendel mit einem Ehering eignen sich vor allem, um Fragen bezüglich Liebe und Romanzen zu beantworten. Halten Sie das eine Ende des Haarstranges fest und lassen Sie das Ende mit dem Ehering frei pendeln. Stellen Sie dem Pendel Ihre Fragen und deuten Sie die Bewegungen des Ringes nach Antworten. In der Regel bedeutet eine Seite-zu-Seite-Bewegung oder eine Kreisbewegung gegen den Uhrzeigersinn ein Nein oder eine negative Antwort. Eine Auf-und-Ab-Bewegung oder eine Kreisbewegung im Uhrzeigersinn hingegen wird als ein Ja gedeutet oder als positive Antwort.
8. Um die Aufmerksamkeit einer neuen Liebe aufrechtzuerhalten, bringen Sie diese dazu, Ihr Haar drei Mal zwischen Sonnenuntergang und Sonnenaufgang zu berühren.

Liebes-Wunschbrunnen

Charakteristik: Manipulativ, außer Sie haben das Einverständnis des ersehnten Geliebten
Anzahl der Utensilien: 1+
Zeitrahmen: Kräuter erfordern viel Zeit für das Aufladen, der Zauber kann jedoch in 15 Minuten oder weniger ausgeführt werden
Bester Zeitpunkt: Zunehmender Mond oder Vollmond; Montag oder Mittwoch

Um Ihre Liebe in der Ferne an Sie denken zu lassen, werfen Sie getrocknete Gartenraute, Rosmarin oder Rainfarn in einen schnell fließenden Fluss, wobei Sie den Namen des Geliebten laut ausrufen. Während die Kräuter davontreiben, stellen Sie sich vor, dass sie Ihre Liebesbotschaft zu weit entfernten Orten tragen.

Liebes-Räucherwerk

Charakteristik: Manipulativ oder nicht manipulativ
Anzahl der Utensilien: 1-4
Zeitrahmen: Mehrere Stunden für das Laden und Vorbereiten
Bester Zeitpunkt: Unterschiedlich, aber in der Regel am besten bei zunehmendem Mond oder Vollmond; in der Regel arbeitet man mit Liebes-Räucherwerk freitags und mit Lust-Räucherwerk dienstags

Sowohl handelsübliches als auch selbst gemachtes Räucherwerk kann für alle Sorten von Liebeszaubern eingesetzt werden. Sie können für sich genommen als Katalysatoren für das Schaffen von Energiemustern eingesetzt werden, die das, was Sie brauchen, anziehen, oder als Verstärker für jeden anderen Liebeszauber, den Sie bewirken. Seien Sie kreativ und Sie werden viele Wege entdecken, wie Sie Ihrer Magie noch zusätzliche Kraft verleihen können. Wenn Sie letztendlich den Liebhaber Ihrer Träume gefunden haben, lässt sich mit dem Räucherwerk Ihre Romanze noch verschönern.

In diesem Abschnitt werden Sie lernen, wie Sie Ihre eigenen Räucherwerkmischungen für eine Vielzahl magischer Anliegen in Sachen

Liebe zusammenstellen. Eigenes Räucherwerk mit natürlichen Zutaten zu erstellen, ist für die Magie immer das Beste. Räucherwerk mit nur einer Duftkomponente, günstig in vielen Drogerien erhältlich, ist in der Regel nicht zu empfehlen, da es oft aus künstlichen Zutaten hergestellt wird, die nicht die Kraft haben, auf Ihre Bedürfnisse anzusprechen. Es riecht jedoch gut, was man von vielen natürlichen Räucherwerksorten nicht behaupten kann. Viele natürliche Kräuter mit starken magischen Eigenschaften riechen etwas unangenehm, wenn man sie verbrennt. Denken Sie jedoch daran, dass es hier nicht um Wohlgerüche geht, sondern um Kraft. Wenn Ihnen ein Duft nicht zusagt oder Sie einen Geruch nicht in Ihrer Kleidung oder Ihrer Wohnung möchten, verbrennen Sie das Räucherwerk im Freien.

In Okkultshops findet man oft spezielle Räucherwerkmischungen, von denen die meisten aus natürlichen Zutaten hergestellt werden. Sie sind häufig als Räucherstäbchen erhältlich, sodass das Abbrennen eine saubere Sache ist. Sie müssen sich jedoch vergewissern, dass sie völlig aus natürlichen Zutaten bestehen (was in besseren Läden in der Regel auch der Fall ist), und Sie müssen sie magisch aufladen, sodass sie auf Ihr spezielles Bedürfnis zugeschnitten sind und sich mit Ihrer eigenen Energie vermischen. Sie nur aus der Packung zu nehmen und anzubrennen, wird nur wenig Wirkung zeigen.

Sie können auch Ihr eigenes Räucherwerk herstellen, indem Sie die getrockneten Kräuter zerstoßen und sie über spezielle Weihrauchkohle häufen. Beginnen Sie mit einem der folgenden Rezepte als Grundlage für die Herstellung Ihrer eigenen Räucherwerkzauber.

Um eine neue Liebe anzuziehen I

3 Teile Rosmarin
2 Teile Schafgarbe
1 Teil Schwertlilienwurzel

Um eine neue Liebe anzuziehen II

2 Teile Gartenraute
2 Teile Dill
1 Teil Eisenkraut

Um eine neue Liebe anzuziehen III

1 Teil Muskatnuss
1 Teil Thymian
1 Teil Myrte

Um Lust hervorzurufen

1 Teil Galgant
1 Teil Petersilie
1 Teil Piment

Um Lust zu beenden

3 Teile Eisenkraut
1 Teil Mädesüß

Um jemandes Widerstand gegen einen Liebeszauber zu brechen

1 Teil Angelika
1 Teil Piniennadeln
1 Teil Eichenrinde

Um einen Liebeszauber gegen Sie zu brechen

1 Teil Vetiveria
1 Teil Odermennig

Um jemanden dazu zu bringen, Sie nicht mehr zu lieben

2 Teile Fuchsschwanz
1 Teil Gelbwurz
1 Teil Weidenrinde
½ Teil Knoblauch

Liebesöl-Mischungen

Charakteristik: Manipulativ oder nicht manipulativ
Anzahl der Utensilien: 3-8
Zeitrahmen: Mindestens eine Stunde für das Vorbereiten und Aufladen
Bester Zeitpunkt: Unterschiedlich, in der Regel aber am besten bei zunehmendem Mond oder Vollmond; in der Regel arbeitet man mit Liebesölen freitags und mit Lustölen dienstags

Wie Räucherwerk können Mischungen von ätherischen Ölen alle Arten von Liebeszaubern unterstützen. Man kann sie auf die Haut auftragen, wenn sie zu keinen Reizungen führen und sparsam verwendet werden oder man nutzt sie, um Liebestalismane aufzufrischen, magische Bäder mit Wohlgeruch zu versehen oder zum Einsalben von Kerzen. Duft ist ein starkes Auslösesignal für das Unterbewusstsein. Wenn Sie nur einen bestimmten Duft immer und immer wieder in jedem Liebeszauber verwenden, wird dieser so tief in Ihrem Unterbewusstsein mit dem Zauber verbunden, dass Sie schließlich nur noch diesen Duft riechen müssen, damit sich der Zauber von selbst erneuert.

Für jede Ölmischung, die Sie herstellen möchten, benötigen Sie jeweils eine kleine Flasche aus dunklem Glas. Die beste und preisgünstigste Lösung ist, in der Apotheke nach den dunkelbraunen Fläschchen mit Pipette zu fragen. Durch das Öl verschleißt sich der Gummi innerhalb von einigen Monaten, sodass er häufig ersetzt werden muss. Er kostet in der Regel jedoch nur ein paar Mark, die er auch wert ist, da die Pipette die Handhabung erheblich erleichtert und das dunkle Glas die Reinheit Ihrer Mischung gewährleistet.

Außerdem benötigen Sie noch ein oder zwei Basisöle, mit denen Sie Ihre Öle vermischen können. Saflor-, Mandel- oder Olivenöl sind ideal. Sie haben einen unauffälligen Geruch und reizen in der Regel die Haut nicht. Wenn Sie die Zutaten zum Basisöl gegeben haben, dürfen Sie sie auf keinen Fall umrühren. Stattdessen verschließen Sie die Fläschchen und rollen sie sanft zwischen Ihren Handflächen, um sie zu wärmen und mit Ihrem Ziel aufzuladen.

Die folgenden Rezepte sind für zwei Unzen Basisöl gedacht. Widerstehen Sie der Versuchung, zu viel ätherisches Öl zu der Mischung zu geben, sonst wird der Duft zu stark und störend bei der Anwendung.

Um eine neue Liebe anzuziehen I

1 Tropfen Jasminöl
1 Tropfen Rosenöl
1 Tropfen Nelkenöl

Um eine neue Liebe anzuziehen II

3 Tropfen Rosmarinöl
1 Tropfen Lavendelöl

Um Leidenschaft auszulösen I

2 Tropfen Nelkenöl
1 Tropfen Ingweröl oder eine Prise pulverisierter Ingwer
1 Tropfen Pfefferminz- oder Zimtöl

Um Leidenschaft auszulösen II

2 Tropfen Zimtöl
1 Tropfen Patschuliöl
1 Tropfen Pinienöl

Um Leidenschaft zu beenden

2 Tropfen Weihrauch
1 Tropfen Mandel- oder Olivenöl
Eine Prise pulverisierter Kreuzkümmel

Um die persönliche Erscheinung zu verstärken

3 Tropfen Rosenöl
1 Tropfen Geißblattöl
1 Tropfen Orangenöl

Die persönliche Note unterstreichen

Charakteristik: Nicht manipulativ
Anzahl der Utensilien: 2
Zeitrahmen: Kann in Sekunden angewendet werden, muss jedoch mindestens eine Stunde lang mit Magie bestärkt werden
Bester Zeitpunkt: Jede Mondphase; Sonntag oder Dienstag

In einigen Kulturen herrschte der Glaube, dass die Zugabe von Blut, Menstruationsblut oder Sperma zu Parfüm oder Eau de Cologne den Träger oder die Trägerin für das andere Geschlecht wahnsinnig attraktiv machen würde. Wenn Sie bereits einen Lieblingsduft haben, den andere Leute als „Ihr Duft" mit Ihnen assoziieren, versuchen Sie einmal einen Tropfen dieser Substanzen hinzuzufügen, während Sie sich vorstellen, dass es sich um einen anziehenden Talisman für eine neue Liebe handelt. Wenn Ihnen dies zuwider ist, nehmen Sie als Ersatz Orangenblütenöl und führen Sie Ihren Zauber an einem Sonntag oder Freitag anstatt an einem Dienstag aus.

Mit einem Lied im Herzen

Charakteristik: Manipulativ oder nicht manipulativ, je nachdem, welchen Liedtext Sie auswählen
Anzahl der Utensilien: Stift und Papier (ein Musikinstrument ist freigestellt)
Zeitrahmen: Die Vorbereitung kann mehrere Stunden oder mehrere Wochen in Anspruch nehmen; jede nachfolgende Ausführung kann einige Minuten oder etwas länger andauern
Bester Zeitpunkt: Bei Bedarf

Es ist kein Zufall, dass die meisten Popsongs von der Liebe handeln. Gefundene Liebe, verlorene Liebe, gewonnene Liebe, verratene Liebe, konsumierte Liebe, fehlgeleitete Liebe, tiefe Liebe. Selbst die Volkslieder, die heute noch gesungen werden, handeln hauptsächlich von der Liebe. Ein Lied ist Ausdruck unserer tiefsten Gefühle und es gibt wenig, das wir so tief empfinden wie Liebe.

Ein Liebeslied, das Sie dichten, kann bereits selbst ein Zauber sein oder kann dazu dienen, jeden anderen Liebeszauber zu verstärken. Es im Laufe des Tages vor sich hin zu summen wird dazu beitragen, den Zauber stark zu halten.

Sie müssen kein Musiker sein, um Ihren eigenen Zaubersong zu kreieren. Fühlen Sie sich frei, Ihre eigenen Worte zu irgendeiner Melodie, die Ihre Fantasie anspricht, zu wählen. Wenn Sie nicht gerade ein Stück aus der Volksmusik verwenden, sollten Sie daran denken, dass Musikwerke einem Copyright unterliegen, was bedeutet, dass sie jemandem gehören und Sie sie nicht vertreiben oder an jemand anderen verkaufen dürfen.

Ihre Liedtexte müssen sich nicht reimen oder ein Meisterstück der Poesie sein. Sie müssen nur Ihren Wunsch in möglichst deutlicher Sprache vermitteln. Denken Sie ein paar Tage darüber nach, was Sie mit Ihren Liedtexten ausdrücken möchten, bevor Sie sich hinsetzen, um diese schriftlich auszufeilen.

Kreieren Sie Ihren Liedzauber beim Schein einer einzelnen Kerze und konzentrieren Sie Ihr Vorhaben darauf, genau das zu sagen, was Sie von Ihrem Zauber erwarten. Schreiben Sie alles auf, sodass Sie sicher sein können, dass Sie genau den Ton treffen, den Sie treffen möchten. Formulieren Sie positiv und im Präsens. Formulierungen in der Zukunftsform werden Ihren Zauber meist auch in der Zukunft halten, also immer etwas außerhalb Ihrer Reichweite.

Wenn Sie mit Ihrem Lied zufrieden sind, singen Sie es mehrmals laut vor sich hin, um ein Gefühl dafür zu bekommen. Dann singen Sie es ein weiteres Mal, wobei Sie all Ihre magische Energie darin einfließen lassen. Lernen Sie die Worte auswendig und singen Sie das Stück vor sich hin, wann immer Ihre Liebeszauber erneuert werden müssen.

Streune nicht mehr umher

Charakteristik: Manipulativ
Anzahl der Utensilien: 3+
Zeitrahmen: Einige Stunden für das Aufladen und Vorbereiten; der Zauber muss vielleicht regelmäßig wieder aufgeladen werden
Bester Zeitpunkt: Beginnen Sie direkt nach Vollmond an einem Sonntag

Dieselben Puppen, die bereits an früherer Stelle in diesem Grimoire beschrieben wurden, können einen herumstreunenden Partner wieder zu Ihnen zurückbringen. Sie müssen zwei davon anfertigen: Eine, die Sie verkörpert, und eine, die Ihren Partner auf Abwegen darstellt. Wenn Sie sie angefertigt und so gut es geht zu einem Teil von Ihnen beiden gemacht haben, binden Sie die beiden Püppchen mit einem blauen Faden Gesicht an Gesicht zusammen. Blau ist die Farbe der Treue. Platzieren Sie die Püppchen unter Ihrer Matratze. Solange Ihr Partner deren Existenz nicht bemerkt, solange wird er treu sein.

Untreue beerdigen

Charakteristik: Manipulativ
Anzahl der Utensilien: 3+
Zeitrahmen: Einige Stunden für das Aufladen und Vorbereiten; der Zauber muss vielleicht regelmäßig wieder aufgeladen werden
Bester Zeitpunkt: Beginnen Sie direkt nach Vollmond an einem Sonntag

In den südlichen Appalachen verlangt eine Abwandlung des vorangegangenen Zaubers, dass man mit den Püppchen um Mitternacht zum Friedhof geht und diese Seite an Seite hinter dem Vordereingang vergräbt. Über dem Platz, wo diese begraben sind, ziehen Sie einen Kreis mit Ihrem Zeigefinger, den Sie sich als Ring der Ewigkeit vorstellen. Solange die Puppen ungestört und unentdeckt bleiben, wird auch Ihre Liebe Ihnen treu sein.

Geh in diese Richtung

Charakteristik: Manipulativ
Anzahl der Utensilien: 2
Zeitrahmen: Einige Minuten
Bester Zeitpunkt: Wenn möglich

In New Orleans und in der Karibik geht man sicher, dass jemand zu einem kommt, indem man seinen eigenen Namen auf die Schuhsohlen des anderen schreibt.

Verwenden Sie Ihren vollen Geburtsnamen und wenn möglich schreiben Sie diesen mit flüssigem Drachenblut oder Tinte, in die Sie etwas von Ihrem eigenen Blut gemischt haben. Damit dieser Zauber funktioniert, darf die Person, auf deren Schuhe Sie geschrieben haben, von dem Zauber nichts wissen.

Lupita, die Curandera, die ich in diesem Buch bereits erwähnt habe, schlug diesen Zauber einer Frau vor, die wollte, dass ihr Ehemann nachts zu ihr nach Hause kommt anstatt auszugehen, um seine Freundin zu besuchen.

Der Boden, auf dem du gehst

Charakteristik: Manipulativ oder nicht manipulativ
Anzahl der Utensilien: 3
Zeitrahmen: Etwa eine Stunde Vorbereitungszeit
Bester Zeitpunkt: Zunehmender Mond; Sonntag, Dienstag oder Freitag

Um einen Talisman herzustellen, der jemanden dazu veranlasst, Sie aufzusuchen, und der gleichzeitig Sie dazu bringt, an all den richtigen Orten präsent zu sein, wo Ihre anvisierte Liebe sich aufhalten wird, benötigen Sie nur die folgenden Dinge: ein kleines Stück Stoff in der Farbe Ihrer Wahl, eine Kordel oder ein Stück Schnur und etwas Erde von einem Fußabdruck Ihres Auserwählten sowie etwas Erde von Ihrem eigenen Fußabdruck.

Platzieren Sie beide Erde-Häufchen zusammen im Zentrum des Stoffes und binden Sie sie fest mit der Kordel oder der Schnur zusammen. Während Sie dies tun, können Sie die Erde mit einem Liebe anziehenden Öl bestreichen (für Anregungen siehe Anhang A). Oder vielleicht möchten Sie singen, um Ihre Visualisierung zu verstärken. Versuchen Sie etwas in der Art wie das Folgende, während Sie die Erde verschnüren:

Staub von Mutter Erde eingedrückt tief,
von den Füßen von dem (der), den (die) ich am meisten lieb.
Mögen die Pfade, die er (sie) von nun an gehen mag,
gezogen sein, um für immer zu kreuzen meine Bahn.

Tragen Sie den Talisman um Ihren Hals, wann immer Sie außer Haus sind, um seine Kraft zu erwecken. Vergewissern Sie sich, dass Sie ihn abnehmen, wenn Sie schlafen gehen, damit Sie sich nicht selbst aus Versehen strangulieren.

Der Vier-Winde-Liebeszauber

Charakteristik: Nicht manipulativ
Anzahl der Utensilien: 4
Zeitrahmen: Weniger als eine Stunde für jede Ausführung, Handlung muss jedoch über vier Tage verteilt durchgeführt werden
Bester Zeitpunkt: Beginnen Sie an einem Freitag bei zunehmendem Mond

Für diesen Vier-Nächte-Zauber, mit dem man die richtige Person in sein Leben ziehen kann, benötigen Sie drei Kerzen – dünne Wachskerzen eignen sich am besten –, drei Kerzenhalter sowie etwa eine halbe Tasse pulverisierte oder zerstoßene Rosmarinblätter. Dieses Kraut wird als Katalysator wirken, um Ihren neuen Geliebten anzuziehen, und die Kerzen werden verwendet, um die Einheit dieser Liebe zu repräsentieren. Die Kerzen müssen in einer Reihe an einem Platz aufgestellt werden, wo sie ungestört bleiben können, bis dieser Zauber beendet ist.

Wie immer sollten Sie vor der Durchführung des Zaubers einige Zeit den Rosmarin und die Kerzen in der Hand halten, um sie mit Ihrem eigenen Wesen zu durchdringen. Wenn Sie sich bereit fühlen, die Gegenstände, die Sie für den Zauber benötigen, zu erstellen, zerteilen Sie den Rosmarin in vier gleiche Teile und binden Sie jeden in einem kleinen Stück Stoff oder Taschentuch zusammen. In der ersten Nacht des Zaubers legen Sie vor dem Zubettgehen eines der Rosmarinpäckchen unter Ihr Kissen, während Sie folgende Worte rezitieren:

Rosmarin süß, um deine Hilfe bitt ich dich,
zeig mir heut Nacht, meines Liebsten Gesicht.

Wenn Sie diesen Sprechgesang ständig in Gedanken wiederholen, bis Sie einschlafen, werden Sie im Traum mit großer Wahrscheinlichkeit einen Blick auf Ihre zukünftige Romanze werfen können. In jedem Fall wird das Kraut, das Sie für Ihr Anliegen verzaubert haben, auch während Sie schlafen Ihren Willen weiter in sich tragen.

Wenn Sie morgens aufwachen, gehen Sie mit dem Kraut nach draußen und lösen Sie den Knoten, mit dem es zusammengebunden ist. Drehen Sie sich in die Himmelsrichtung, die Ihnen zusagt, halten Sie das Kraut in Ihren Händen und laden Sie es mit den Worten:

Rosmarin süß, mit den weiten Winden nun zieh,
suche meinen Partner und bring ihn heim zu mir.

Pusten Sie das Kraut in den Wind und kehren Sie ins Haus zurück. Begeben Sie sich an den Ort, wo die Kerzen stehen, und entzünden Sie die zwei äußeren. Die mittlere wird nicht angezündet. Die zwei brennenden Kerzen verkörpern Sie und Ihren geheimnisvollen Partner, zur Zeit getrennt und einander unbekannt. So wie sie niederbrennen, verschwindet auch die Einsamkeit aus Ihrem Leben. Lassen Sie beide Kerzen so lange wie möglich brennen, bevor Sie gehen müssen, um sich Ihren Tagesaktivitäten zu widmen. Sie dürfen jedoch nicht mehr als ein Viertel herunterbrennen. Nachdem Ihre Zeit vorüber bzw. ein Viertel der Kerzen abgebrannt ist, löschen Sie sie und gehen Sie Ihren Geschäften nach.

Diese Handlung wiederholen Sie in den folgenden drei Nächten. Nur wenden Sie sich jedes Mal, wenn Sie den Rosmarin in den Wind blasen, einer anderen Himmelsrichtung zu, um zu symbolisieren, dass der Zauber in alle vier Himmelsrichtungen gesandt wird, um Ihre Liebe zu Ihnen zu rufen.

Am Morgen des vierten Tages, nachdem Sie die Kräuter in den Wind geblasen haben, entzünden Sie nochmal das letzte Viertel der zwei Kerzen. Dieses Mal konzentrieren Sie sich auf die Kerze in der Mitte als Vereinigungspunkt für Sie und Ihren zukünftigen Gefährten.

Heben Sie die Kerzen hoch, jede in einer Hand, und sprechen Sie:

Zwei einsame Lichter umschlungen von Dunkelheit,
zwei werden eins und die Lichter erstrahlen in Helligkeit
(vereinigen Sie die Flammen am Docht der dritten Kerze).
Meine Flamme ist vereint, die Leidenschaft beginnt,
mit dem Gefährten meines Herzens für immer ich mich verbind.
In meinem und seinem (ihrem) Willen –
so sei es!

Die letzte Zeile ist der übliche Schlusssatz, um formell einen Zauber zu beenden.

Mit „So sei es“ sollen die Magie positiv gehalten und die Zauber im Präsens formuliert werden, als wären ihre Ziele bereits vollendete Tatsachen. Sollten Sie vergessen haben, wie das funkioniert, blättern Sie

Abbildung 12: Kerzen im Vier-Winde-Liebeszauber von Tag 1-3; lassen Sie die Kerze in der Mitte aus

nochmal zu den Schritten zur erfolgreichen Magie in Kapitel 3 zurück.

Eine klare Botschaft senden

Charakteristik: Manipulativ
Anzahl der Utensilien: Etwa 4
Zeitrahmen: Nur ein paar Minuten, nachdem alle Gegenstände magisch aufgeladen wurden
Bester Zeitpunkt: An einem Mittwoch senden

Dies ist ein weiterer Zauber, den mir meine Curandera-Freundin Lupita lehrte. Obwohl ich ihn nie selbst eingesetzt habe, um Liebe anzuziehen, verwendete ich andere von ihr mit demselben Grundgedanken und musste feststellen, dass sie sehr gut funktionierten.

Sie benötigen einen Briefumschlag und ein magisches Pulver – gemacht, um Liebe zu Ihnen zu bringen. Für das Pulver brauchen Sie zwei Esslöffel Stärkemehl oder Talk und ein paar Prisen gemahlenen Rosmarin, Thymian, Petersilie und Lavendel. Sie können alles bereits fertig gemahlen kaufen. Die Kräuter haben jedoch mehr Zauberkraft, wenn Sie es selbst mit Mörser und Stößel zerkleinern.

Nach dem Zermahlen, Vermischen und Laden des Pulvers schütten Sie es in den Briefumschlag und adressieren ihn an Ihre Liebe. Während Sie dies tun, müssen Sie sich sehr genau vorstellen, was das Ergebnis dieses Zaubers sein soll. Schreiben Sie keinen Absender auf den Umschlag und vermeiden Sie auch sonst jeden Hinweis, der auf den Absender schließen lassen könnte. Schicken Sie ihn mit der Post. Wenn der Begehrte ihn öffnet und das Pulver über sich schüttet, wird er zu Ihnen gezogen … und verärgert sein. Es kann eine ganz schöne Arbeit sein, dieses Pulver wieder zu beseitigen.

Die ersten sieben Tage, nachdem Sie das Pulver abgeschickt haben, verbringen Sie an jedem Tag mindestens zehn Minuten damit, intensiv zu visualisieren, wie Ihr Wunschpartner den Umschlag findet, öffnet und auf das Pulver reagiert. (Lupita betonte, dass zehn Minuten täglich das Minimum seien, das jemand für einen Zauber aufbringen sollte, dessen Ergebnis er sich auch wirklich wünscht.) Am achten Tag streichen Sie es aus Ihrem Gedächtnis. Wenn Sie innerhalb des nächsten Mondmonats keine Ergebnisse erkennen können, versuchen Sie es noch einmal. Vielleicht hat jemand anders den Umschlag geöffnet.

Liebe in den Sümpfen

Charakteristik: Manipulativ
Anzahl der Utensilien: 1-4
Zeitrahmen: Unterschiedlich
Bester Zeitpunkt: Unterschiedlich; die meisten funktionieren jedoch am besten bei Vollmond oder bei abnehmendem Mond

Ebenso wie das Essen, so hat auch die Magie von New Orleans ihre eigene Würze. Probieren Sie einmal die folgenden magischen Rezepte, um einen Geliebten anzuziehen oder einen Rivalen zu beseitigen.

1. Nehmen Sie ein Stück vom Grabstein von jemandem, den Sie als mächtig einschätzen, und stecken Sie dies in ein Stück rohes Fleisch zusammen mit etwas, das Ihren Rivalen verkörpert. Werfen Sie das Fleisch in den Hof Ihres Gegenspielers und lassen Sie es dort verrotten. Der Rivale sollte alle Ansprüche an die Person, an der Sie interessiert sind, aufgeben.
2. Nehmen Sie Boden oder Gras vom selben Grab, vermischen Sie dies in einem kleinen weißen Täschchen mit Fäden von Ihrer Kleidung (jedes Kleidungsstück, das nur Ihnen gehört, eignet sich – je länger Sie es jedoch getragen haben, desto enger wird die Energie des Fadens mit Ihnen verbunden sein und in dem Zauber besser wirken) und von der Kleidung des Menschen, von dem Sie geliebt werden wollen. Tragen Sie dieses Täschchen mindestens einen Mondmonat um Ihre Taille, dann platzieren Sie es unter Ihrer Matratze.
3. Pulverisieren Sie die hochgiftige Yohimbe-Wurzel und streuen Sie sie über den Weg eines Rivalen, um dessen Gefühle für Ihre ersehnte Liebe versauern zu lassen. Aufgrund der großen Todesgefahr bei der Verwendung dieser Pflanze ist dies ein Zauber, den ich nicht empfehlen kann. In der Volksmagie von Louisiana glaubt man, dass die Yohimbe-Wurzel Verwirrung in den Geist eines Feindes einträufelt, wodurch dieser von seinen beabsichtigten Handlungen abgebracht wird. Dieser Glaube beruht wahrscheinlich auf der extremen Giftigkeit der Pflanze, deren Verzehr selbst in geringsten Dosen mentale Verwirrung als erstes Anzeichen einer Vergiftung auslöst. Eine sichere Methode, die ebenso effektiv ist (ich weiß das, weil ich sie für andere Zauber verwendet habe!) ist der Gebrauch einer getrockneten, abgeriebenen, in Essig getränkten Zitronenschale.
4. Vermischen Sie Eisenkraut und Cayenne-Pfeffer und bestreuen Sie damit den Weg eines potenziellen Geliebten, um seine leidenschaftliche Empfindung für Sie zu entfesseln. Sie können es ebenso über die Schwelle Ihrer Vordertür streuen, um einen unbekannten Liebhaber erscheinen zu lassen.
5. Vergraben Sie zwei Puppen, die gemacht wurden, um Sie und Ihren Geliebten zu verkörpern, auf dem Grundstück der angebeteten Person. Binden Sie sie zuvor Angesicht zu Angesicht mit einem roten Faden ganz fest aneinander. Ihre Handlung sollte von

niemandem entdeckt werden. Jede Nacht um Mitternacht kehren Sie zu der Stelle zurück und vergießen einen Tropfen Blut darüber, während Sie Ihren Namen und den Namen des Liebespartners singen.

Zwillingskerzen-Zauber

Charakteristik: Manipulativ oder nicht manipulativ
Anzahl der Utensilien: 6+
Zeitrahmen: Vorbereitung und jede Ausführung verlangt etwa eine Stunde; der Zauber muss mindestens drei Mal pro Woche einen ganzen Monat lang wiederholt werden
Bester Zeitpunkt: Beginnen Sie bei Neumond oder zunehmendem Mond; die besten Tage sind Sonntag, Dienstag und Freitag

Ich gestehe, dass ich mich vor Jahren eines ähnlichen Zaubers bedient habe. Ich habe versucht, ihn nicht manipulativ zu gestalten, aber zu der Zeit waren meine Selbstverleugnungskräfte stärker als mein gesunder Menschenverstand. Der Zauber hatte dem Anschein nach eine Zeit lang tolle Erfolge, aber seine Wirkung verpuffte schon bald. Für diesen Zauber brauchen Sie zwei dicke Kerzen, eine in Rot und die andere in Rosa oder Lavendel. Den Zauber müssen Sie dreimal in der Woche einen Monat lang wiederholen, deshalb müssen die Kerzen mindestes 15 cm hoch und 3,5 cm dick sein. Außerdem benötigen Sie ein kleines Fläschchen mit flüssigem Drachenblut, mindestens ein ätherisches Öl, das mit Liebe assoziiert wird, und ein weiteres, das mit Lust assoziiert wird (für Vorschläge siehe Anhang A), eine Schachtel Streichhölzer und einen kleinen scharfen Gegenstand, um Muster in die Kerzen einritzen zu können.

Die rote Kerze ist für das Anziehen von Leidenschaft, die andere für das Anziehen von Liebe. Wenn Sie die Kerzen vorbereiten, schnitzen Sie darin Symbole für Ihr Ziel ein. Dies können Namen, Bilder, magische Zeichen oder irgendetwas anderes sein, das Ihren Wunsch ausdrückt. Schrift bringen Sie so an, dass sie von oben nach unten gelesen werden kann, damit die Kerze in Harmonie mit Ihrem Ziel abbrennen wird und nicht in Opposition dazu. Natürlich sollten

Sie eine starke Vorstellung Ihres Zieles vor Augen haben, wenn Sie dies tun.

Der nächste Schritt ist das Einölen der Kerze. Das machen Sie mit dem Drachenblut und den ätherischen Ölen. Beginnen Sie mit dem Drachenblut. Setzen Sie Ihre Fingerspitzen in der Mitte der Kerze an und verstreichen Sie von da aus die Flüssigkeit mit geraden Bewe-

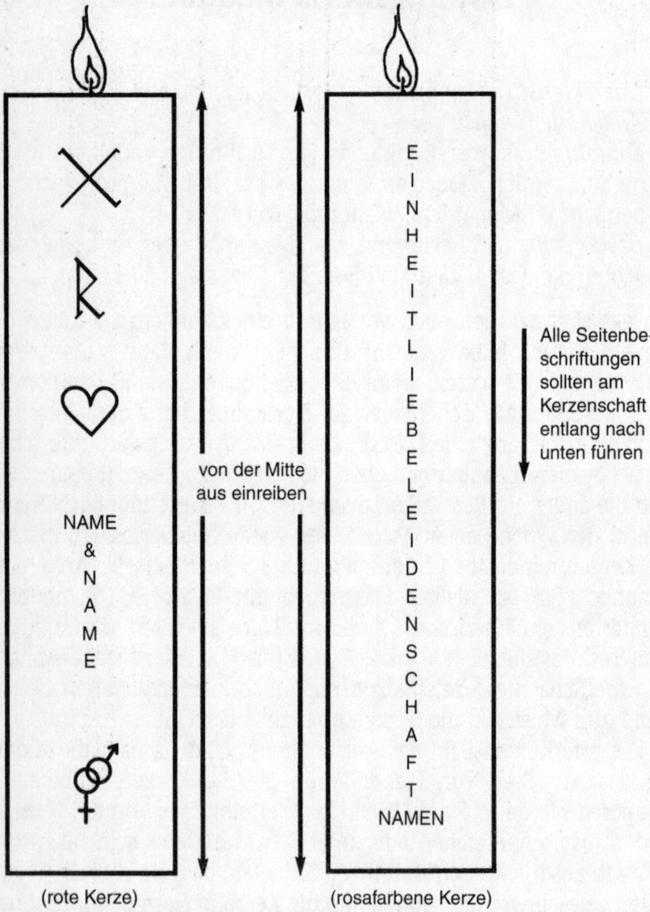

Abbildung 13: Vorbereitung der Kerzen für den Zwillingskerzen-Zauber

gungen zum oberen und zum unteren Rand hin. Danach machen Sie dasselbe mit den Ölen. Auf der roten Kerze arbeiten Sie mit dem Lust anziehenden Öl, auf der anderen mit dem Liebe anziehenden Öl. Lassen Sie den Einölungsprozess von der Mitte aus wirken. Das ist unter modernen Hexen Tradition. Es gibt viele Erklärungen für diesen Brauch, einschließlich einer, die für mich die beste ist: dass Sie Ihren Wunsch nach draußen senden. Die Kerze auf diese Weise zu bearbeiten, symbolisiert diese Handlung.

Wenn die Kerzen fertig sind, stellen Sie sie an einen Platz, wo sie einen ganzen Monat lang verbleiben können. Drei Nächte pro Woche zünden Sie jede an und verkünden dabei laut Ihr Ziel. Entweder Sie nehmen die Nächte, an denen es Ihnen am besten passt, oder Sie konsultieren einen astrologischen Kalender, um die beste Zeit für den Zauber herauszufinden. Setzen Sie sich vor die Kerze und blicken Sie in die Flamme, während Sie Ihre Visualisierung mit der Kraft des Feuers mental stärken. Jede Kerze wird nun jede Nacht etwas mehr aufgezehrt. Betrachten Sie dies, als ob das Feuer Ihren Wunsch in die magische, unsichtbare Welt mitnimmt, sodass er in der realen Welt zurückgegeben werden kann. Verbringen Sie bei jeder Sitzung mindestens 30 Minuten mit den Kerzen. Dann löschen Sie sie bis zum nächsten Mal aus.

Diese Art von Zauber funktioniert am besten, wenn Sie ihn auf irgendeine Weise ritualisieren, während Sie ihn wirken, sodass die Durchführung jeder Sitzung mindestens 30 Minuten dauert. Diejenigen unter Ihnen, die mit Wicca oder paganen Ritualen vertraut sind, werden hiermit wahrscheinlich keine Probleme haben. Diejenigen, die dies nicht sind, sollten einfach ihrem Instinkt folgen. Wir alle sind auf die eine oder andere Art mit religiösen Ritualen vertraut und mit diesem Ritual sollte es nicht viel anders sein. Sie können singen, tanzen, beten oder auf andere Weise Ihre persönlichen Götter und Göttinnen um Beistand anrufen.

Es war einmal

Charakteristik: Manipulativ oder nicht manipulativ
Anzahl der Utensilien: Stift und Papier
Zeitrahmen: Die Geschichte vorzubereiten kann ein oder mehrere Tage in Anspruch nehmen, die nachfolgenden Ausführungen können in wenigen Minuten erledigt sein, je nach Länge und Energie, die hineingesteckt wird
Bester Zeitpunkt: Beginnen Sie mit der ersten Ausführung bei zunehmendem Mond, vorzugsweise an einem Sonntag oder Freitag

Geschichtenzauber sind einfach und ähneln so sehr diesen angenehmen romantischen Tagträumereien, denen wir uns alle gerne hingeben, weshalb ihre magische Kraft meist nicht beachtet wird. Um aus Ihrer Fiktion ein Faktum zu machen, nehmen Sie Stift und Papier und schreiben systematisch Ihre Fantasien in Form einer Geschichte nieder. Ihre Formulierungen können wieder manipulativ oder nicht manipulativ ausfallen, das müssen Sie alleine entscheiden. Schmücken Sie die Geschichte mit so vielen Details wie möglich aus und seien Sie dabei fantasiereich. Dies ist Ihr eigenes Märchen und es muss keine Ähnlichkeiten mit der Realität haben oder einer bestimmten Wahrscheinlichkeit folgen.

Wenn die Geschichte genau so ist, wie Sie sie gerne haben möchten, gehen Sie an einen Platz, wo Sie alleine sein können und Sie niemand hört, denn nun werden Sie die Geschichte sich selbst mehrere Male laut vorlesen. Mit jedem Vorlesen visualisieren Sie, wie sich die Ereignisse in Ihrem Geist abspielen. Sie hören, wie Ihre Stimme diese in die ganze Welt hinaus trägt, sodass der Akt des Lesens Ihrer eigenen Worte zu einem Bittgebet für deren Manifestation wird.

Passen Sie auf den niedergeschriebenen Text gut auf und bewahren Sie ihn in Ihrer Nähe auf, sodass Sie ihn mindestens einmal pro Tag lesen und sich wieder an dessen Bilder erinnern können. Falls Sie den Text abändern wollen, machen Sie geistig alle Bilder bezüglich der Handlungen in der Geschichte rückgängig und verbrennen Sie den Originaltext.

Leidenschaftstrank

Charakteristik: Manipulativ, wenn Ihr Partner von Ihrer Absicht nichts weiß
Anzahl der Utensilien: Etwa 4
Zeitrahmen: Etwa eine Stunde
Bester Zeitpunkt: Vollmond; Dienstag

Bringen Sie vier Tassen Wasser zum Kochen. In einem Tee-Ei oder einem zusammengebundenen Stück Gazetuch geben Sie zwei Teelöffel getrocknete Hyazinthe dazu. Nehmen Sie das Wasser vom Herd und lassen Sie die Hyazinthe darin fünf Minuten ziehen. Bevor die Mischung abkühlt, vermengen Sie sie mit ¼ Tasse Honig und einer Tasse Papaya-Saft. Danach lassen Sie die Mixtur abkühlen.

Teilen Sie dieses Getränk mit einem potenziellen Geliebten, um die Leidenschaft zu erwecken.

Mit Luft, Feuer, Wasser und Erde

Charakteristik: Manipulativ oder nicht manipulativ
Anzahl der Utensilien: Keine (Verwendung von Zauberstab und Kerzen ist freigestellt)
Zeitrahmen: Jede Ausführung wird ein oder zwei Stunden in Anspruch nehmen; der Zauber wirkt am besten, wenn er mindestens einmal in der Woche wiederholt wird
Bester Zeitpunkt: Zunehmender Mond; jeder Tag

Die ganze Menschheitsgeschichte hindurch wurden vier Hauptelemente von Hexen, Zauberern und Magiern als Grundlage aller Zauberei verwendet. Dies sind Erde, Wasser, Luft und Feuer. Sie zu kennen und mit ihnen zu arbeiten ist entscheidend, wenn Sie vorhaben, die Magie zu einem wesentlichen Teil Ihres Lebens zu machen. In diesem Zauber werden Sie sich mit den Elementen verbinden, diese anrufen, damit sie eine unbekannte Liebe oder eine, die Sie ausgewählt haben, aufsuchen und verschiedene Sehnsüchte erwecken können, je nach Natur und Fachkenntnis des Elementes.

Eine Warnung zur Arbeit mit den Elementen ist hier notwendig: Jeder, der die Magie zu einem Bestandteil seines Lebens gemacht hat, wird Ihnen bestätigen, dass die Elemente keine Zufallsenergien sind. Sie sind verknüpft mit allen möglichen Wesen aus dem Jenseits und haben deshalb ein eigenes Empfindungsvermögen. Verlangen, Befehlen und Zwingen wird bei ihnen nur so weit funktionieren, bis sie aufhören, für Sie zu arbeiten. Wenn Sie sich entschließen, die Elemente zum Zwecke manipulativer Magie anzurufen, schaffen Sie sich damit ein größeres Problem, da Ihre Wünsche wesentlich schneller erwidert werden. Sie stehen dann nicht nur mit Ihrer eigenen negativen Magie da, die sich gegen Sie wendet, sondern die Elemente selbst werden sich verbünden, um Ihnen eine Lektion über manipulative Magie zu erteilen. Die Entscheidung liegt wie immer bei Ihnen, denken Sie jedoch darüber nach, ob Ihr Ziel diese Unannehmlichkeiten wert ist, die es letztendlich mit sich bringen wird.

Für diesen Zauber benötigen Sie einen freien Arbeitsraum von mindestens 1,5 m Durchmesser, um Ihren magischen Kreis ziehen zu können. Es geht auch mit weniger Platz, aber etwas mehr wäre hier von Vorteil. Darüber hinaus brauchen Sie eigentlich nur noch sich selbst. Personen, die schon länger mit Magie arbeiten, möchten vielleicht Ihre Ritualinstrumente dabei haben, die sie beim Leiten von Energie unterstützen, zum Beispiel einen Stab. Wenn Sie bereits einen Kreisplatz haben, an dem Sie normalerweise Rituale und Magie praktizieren, sollten Sie auf jeden Fall dort arbeiten. Da dieser Platz geistig bereits auf die Arbeit mit Magie eingestimmt ist, wird er ebenfalls ein stärkerer Katalysator für Ihre Liebesmagie sein. Weitere optionale Gegenstände sind Kerzen, die Sie verwenden können, um die vier Himmelsrichtungen zu kennzeichnen und zu ehren. Sie können nur weiße Kerzen verwenden oder versuchen, deren Farbe auf die Natur der Elemente folgendermaßen abzustimmen:

Luft: Blau, Gelb
Feuer: Rot, Orange, Gelb, Gold
Wasser: Blau, Violett, Silber
Erde: Grün, Braun

Der Kreis war schon Bestandteil der Magie, bevor menschliches Handeln überhaupt dokumentiert wurde. Er wird auch heute noch eingesetzt, um den Magie-Ausübenden zu schützen und die wertvolle Energie, die erzeugt wurde, zu erhalten, bis sie in die Richtung ihres Zieles gesendet werden kann. Ein Kreis wird erschaffen mit der Energie und dem Geist desjenigen, der ihn zieht, und wird zu einem heiligen Ort außerhalb der gewöhnlichen Welt von Ort und Zeit. Ein Kreis symbolisiert Vollständigkeit, Ewigkeit und Ganzheit.

In fast allen magischen Traditionen entspricht jede der vier Himmelsrichtungen – Osten, Süden, Westen und Norden – einem der Elemente. In diesem Zauber bedienen wir uns der Zuordnung, die am häufigsten in der europäischen und nordamerikanischen Hexenkunst verwendet wird. Die Entsprechungen sind folgendermaßen:

Luft: Osten
Feuer: Süden
Wasser: Westen
Erde: Norden

Es ist leicht zu erkennen, wie diese Zuordnungen abgeleitet wurden. Der Süden ist das Land der Sonne auf der nördlichen Halbkugel und die natürliche Heimat für das Element Feuer. Von Westeuropa aus gesehen liegt der Altlantische Ozean im Westen, sodass diese Richtung zur natürlichen Heimat des Wassers wird. Wenn andere Entsprechungen Ihnen naturgemäßer erscheinen, aufgrund Ihrer örtlichen Lage oder aufgrund von früheren Lehren, sollten Sie diese verwenden.

Wenn Sie alle Utensilien beisammen haben, die Ihrer Meinung nach notwendig sind, gehen Sie zu dem ausgewählten Platz und stellen sich in dessen Mitte. Atmen Sie ein paar Minuten lang tief durch und bereiten Sie sich geistig darauf vor, mit den Elementen in Kontakt zu treten.

Wenn Sie sich bereit fühlen anzufangen, gehen Sie am Rand Ihres Kreises entlang zu dem Kardinalpunkt, mit dem Sie beginnen möchten. Wie die Zuordnungen der Himmelsrichtungen sind auch die Anfangspunkte je nach Kultur unterschiedlich definiert. Im vorliegenden Beispiel werden wir im Osten mit der Luft beginnen. Da Magie, mit der etwas manifestiert werden soll, fast immer erfordert, dass wir uns im Uhrzeigersinn vorwärts bewegen, erlaubt uns dieser Anfangspunkt, die Elemente vom Leichtesten (Luft) zum Dichtesten (Erde) zu durchwandern. Das wird helfen, die Vorstellung, etwas aus

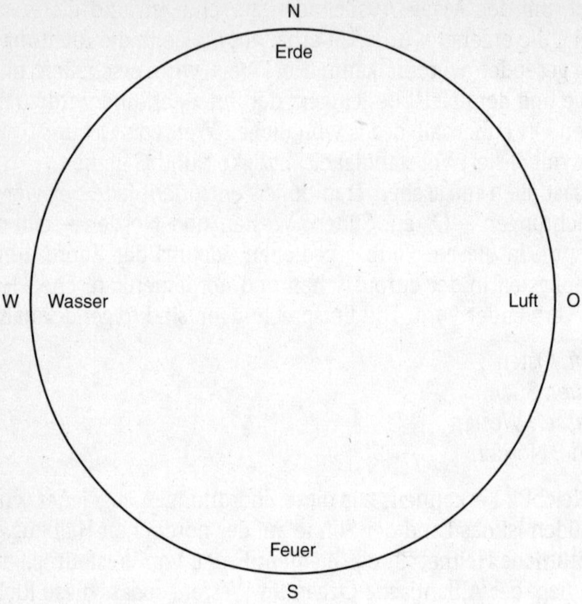

Abbildung 14: Die traditionellen magischen Richtungen

dem geistigen Reich in die reale Welt zu bringen, zu verstärken. Falls Sie mit anderen Ausgangspunkten experimentieren möchten, können Sie sich an folgenden Begründungen orientieren:

Norden: Wird in vielen modernen Hexen-Traditionen aufgrund seiner Verbindung zur Erde als Ausgangspunkt genutzt.
Osten: Ist ein beliebter Ausgangspunkt für die Anhänger der christlichen oder griechisch-römischen Traditionen. Osten, die Heimat des Tagesanbruches, steht für Neubeginn.
Süden: Die Heimat des Feuers wird assoziiert mit Lust und Leidenschaft.
Westen: Beliebter Ausgangspunkt für viele, die keltische Magie praktizieren. Dies ist die Richtung, in der das Land liegt, in dem ihre Gottheiten und Ahnengeister wohnen. Westen, als Heimat des Wassers, ist ebenfalls stark verbunden mit Magie, die Liebe und Gefühle zum Inhalt hat.

Wenn Sie vor der gewählten Ausgangsrichtung stehen, strecken Sie Ihre Arme (oder den Stab, wenn Sie mit einem arbeiten) dieser entgegen. Rufen Sie das Element zu sich, um Ihrer Einladung zu folgen, mit Worten wie:

Mächte der Luft, erwachet und erhebet euch.
Ich bitte euch hierher heut Nacht,
um diesem Zauber zu verleihen eure Kraft.
Gehet zu dem einen, den zu lieben mir bestimmt ist.
Lasset mich in seinen Gedanken sein.
Lasset meinen Duft seinen Verstand betören
und seine Träume nähren.
Lasset ihn nach mir suchen und mich erkennen,
wenn er mich findet.

Visualisieren Sie, wie die Energie der Luft sich in Ihren Handflächen bewegt und sich mit Ihrer eigenen Energie vermischt. Wenn Sie das Gefühl haben, dass die Energie zu einem riesigen Ball angewachsen ist, werfen Sie diesen in die Richtung, die Sie gewählt haben, und stellen Sie sich dabei vor, wie er die Person findet, die Sie suchen und die nach Ihnen sucht.

Bewegen Sie sich dann im Uhrzeigersinn zum südlichen Punkt und zum Element Feuer. Strecken Sie Ihre Hände in diese Richtung und rufen Sie:

Mächte des Feuers, erwachet und erhebet euch.
Ich bitte euch hierher heut Nacht,
um diesem Zauber zu verleihen eure Kraft.
Gehet zu dem einen, den zu lieben mir bestimmt ist.
Lasset die Sehnsucht nach mir, nach der er sucht,
hell auflodern in seinem Innern.
Lasset seine Leidenschaft brennen
vor Verlangen nach mir,
sodass er nicht aufhören wird, nach mir zu suchen
und mich erkennen wird, wenn er mich findet.

Lassen Sie die Energie des Feuers sich wieder in Ihren Handflächen sammeln, sodass Sie sie in die vier Ecken des Universums schleudern können.

Wiederholen Sie diesen Vorgang mit dem Wasser im Westen:

Mächte des Wassers, erwachet und erhebet euch.
Ich bitte euch hierher heut Nacht,
um diesem Zauber zu verleihen eure Kraft.
Gehet zu dem einen, den zu lieben mir bestimmt ist.
Übergießet ihn mit liebendem Verlangen,
das ihn zwingt, nach mir zu suchen
und mich zu erkennen, wenn er mich findet.

Vervollständigen Sie den Kreis mit der Erde im Norden:

Mächte der Erde, erwachet und erhebet euch.
Ich bitte euch hierher heut Nacht,
um diesem Zauber zu verleihen eure Kraft.
Gehet zu dem einen, den zu lieben mir bestimmt ist.
Lasset ihn wissen, dass auch ich nach ihm suche
und dass ich das Fundament seines Lebens sein kann.
Zwinget ihn, nach mir zu suchen
und mich zu erkennen, wenn er mich findet.

Beenden Sie den Zauber, indem Sie sich bei jedem Element einzeln für seine Mitarbeit bedanken. Fangen Sie mit dem zuletzt angerufenen Element an und arbeiten Sie sich gegen den Uhrzeigersinn am Kreis entlang zurück. Wenn Sie damit abgeschlossen haben, beenden Sie den Zauber mit den Worten:

Mit Luft, Feuer, Wasser und Erde,
die mir bringen, was ich begehre.
Mit der Kraft der Drei mal Drei,
mit meinem Willen, so soll es sein!

Bindungszauber III

Charakteristik: Manipulativ
Anzahl der Utensilien: 2
Zeitrahmen: Weniger als eine Stunde für die Vorbereitung; danach etwa zehn Minuten pro Tag
Bester Zeitpunkt: Neumond; Samstag

Im westeuropäischen Volksglauben wird die Weide meist mit dem Element Wasser assoziiert, welches wiederum die Bereiche Gefühle und Romantik beinhaltet. Diese Metaphorik nutzt der vorliegende Zauber, um daraus einen Bindungszauber zu entwickeln.

Sie brauchen ein Foto Ihres Wunschpartners oder einen Gegenstand, der dieser Person gehört, sowie einen biegsamen Weidenzweig. In der Regel funktioniert Magie am besten mit Blätterwerk, das Sie am Boden finden; in diesem Fall wären jedoch die abgefallenen Weidenzweige zu trocken, um sie biegen und binden zu können. Deshalb bitten Sie den Baum um seine Erlaubnis, einen seiner Zweige zu verwenden.

Dies kann auf geistiger Ebene erfolgen, indem Sie versuchen, sich mit dem Geist des Baumes zu verständigen. Wenn und nachdem Sie das Gefühl haben, dass Sie einen Zweig nehmen dürfen, schneiden Sie ihn schnell und sauber ab, um dem Baum so wenig Schmerz wie möglich zuzufügen. Es ist ebenfalls Brauch, als Zeichen der Dankbarkeit etwas zu hinterlassen, zum Bespiel eine Münze, einen Edelstein oder Nahrung für die Tiere, die in dem Baum leben.

Wenn Sie den Zweig um das Foto oder den Gegenstand binden, stellen Sie sich vor, wie die Person, nach der Sie verlangen, an Sie gebunden wird, mit dem Resultat, das Sie sich als Ergebnis Ihrer Beziehung wünschen. Rufen Sie alle Wasseraspekte der Weide an, um Sie zu unterstützen.

Bewahren Sie diesen Talisman in der Nähe Ihres Schlafplatzes auf, in Ihrer Frisierkomode oder unter Ihrem Bett. Am besten ist es, den Talisman nicht offen hinzulegen, sonst löst sich vielleicht die Bindung aufgrund der Neugier von jemand anderem oder deren Energie stört die des Talismans.

Verbringen Sie zehn Minuten pro Tag mit dem Talisman, während denen Sie sich auf Ihr Ziel konzentrieren. Der Zauber ist wirksam, solange die Bindung hält. Wenn der Zweig austrocknet und bricht oder sich löst, muss der Zauber wiederholt werden.

Wie eine Biene am Honig

Charakteristik: Manipulativ
Anzahl der Utensilien: 4
Zeitrahmen: Etwa eine Stunde, für die Vorbereitung; weitere 30 Minuten bis eine Stunde, um den Zauber auszuführen
Bester Zeitpunkt: Die letzten Nächte des abnehmenden Mondes; Samstag

Dieser Zauber entstammt der Voodoo-Tradition der Karibik. Die Idee ist höchst manipulativ und beinhaltet das Einfangen eines Teils der Seele des ersehnten Geliebten und das Mit-sich-Führen dieser, sodass Ihr Wunschpartner zu Ihnen hingezogen und an Sie gebunden wird. Voodoo-Priesterinnen und -Priester sind Meister in dieser Art der Magie, die nachweislich sehr wirksam ist. Die Kehrseite ist natürlich die unethische Natur des Zaubers, die eine Garantie dafür ist, dass dieser schnell und hart Sie selbst treffen wird.

Zur Durchführung benötigen Sie einen kleinen Riegel Bienenwachs, den Sie erwärmen, um ihn formbar zu machen. Sie benötigen außerdem einen Schlüssel, etwas Faden, eine weiße sowie eine schwarze Kerze.

Entzünden Sie beide Kerzen, bevor Sie mit der Arbeit beginnen. Sie stellen archetypisch ein Tor dar, durch das eine Seele von einem Ort zu einem anderen reisen kann. Dieses Bild wird häufig auf Tarotkarten und in verschiedenen Aspekten der Zeremonienmagie verwendet und stellt ein sehr starkes Symbol dar.

Blicken Sie in die Richtung, in der sich Ihre ersehnte Liebe im Moment befindet, während Sie den Schlüssel zwischen den zwei Kerzen hochhalten. Passen Sie auf die Flammen auf, bücken Sie sich und legen Sie Ihre Lippen an das Schlüsselloch. Nun rufen Sie die Seele Ihrer Liebe durch das Kerzentor an. Atmen Sie ein, wenn Sie ihren

Namen rufen. Es erfordert einige Übung, beim Sprecehn einzuatmen, anstatt auszuatmen, aber es geht und Sie werden sofort das Gefühl der Stärke spüren, die diese Handlung dem Zauber verleiht.

Wenn Sie fühlen, dass das Wesen der Seele Ihres Geliebten in dem Schlüssel eingefangen ist, drücken Sie diesen in das weiche Bienenwachs, um sie festzuhalten. Befestigen Sie Wachs und Schlüssel an der Schnur und tragen Sie dies bei sich, um die Aufmerksamkeit Ihres Wunschpartners zu gewinnen.

Die Magie des Schönheitsfleckes

Charakteristik: Manipulativ
Anzahl der Utensilien: 1
Zeitrahmen: 30 Minuten oder weniger
Bester Zeitpunkt: An einem Freitag bei zunehmendem Mond oder Vollmond

Von den Franzosen stammt die Idee des Schönheitsfleckes. Ein Fleck, den man als entstellend betrachten könnte, der aber auf irgendeine Art die Schönheit unterstreicht und den Blick des anderen anzieht. Supermodel Cindy Crawford ist ein Beispiel für diese Theorie. Das kleine Muttermal auf ihrer Wange ist inzwischen zum Markenzeichen ihrer Schönheit geworden. In der Geschichte und Mythologie zeigen uns solche Male auch die Macht eines solchen Schönheitsflecks auf ansonsten makelloser Haut. Diejenigen, die etwas in der irischen Mythologie bewandert sind, kennen vielleicht *Dermot of the Love Spot*, einen jungen Krieger, der den Fleck auf seiner Stirn mit seinem Haarpony bedeckte, da jede Frau, die diesen Fleck sah, sich unsterblich in Dermot verliebte.

Wenn Sie ein Faible für das Theatralische haben und mit einem magischen Schönheitsfleck experimentieren wollen, spielen Sie etwas mit Ihrem Schminkkasten herum, um herauszufinden, ob Sie einen Leberfleck nachmalen können. Vielleicht möchten Sie auch eine Zeit lang ein Tattoo tragen, das Blicke anzieht. Falls Sie ein Muster gefunden haben, das Ihnen zusagt, visualisieren Sie Ihr Ziel, während Sie es aufmalen, um es seiner Aufgabe zu weihen.

Ein Tarot-Liebeszauber

Charakteristik: Manipulativ oder nicht manipulativ
Anzahl der Utensilien: 1+
Zeitrahmen: Weniger als eine Stunde für die Vorbereitung; man muss jedoch täglich damit weiterarbeiten
Bester Zeitpunkt: Beginnen Sie bei zunehmendem Mond; jeder Tag

Dieser Zauber kann langfristig sehr gute Ergebnisse bei jemandem erzielen, der sich bereits mit einem Tarotdeck auskennt. Sollten Sie noch keine Erfahrung mit diesem aus 72 Karten bestehenden Wahrsage- und Magie-Instrument haben, so können Sie sich die Grundlagen leicht aneignen – bis Sie die Karten allerdings wirklich beherrschen, kann es Jahre dauern. Für diesen Zauber benötigen Sie einen Satz Karten, der Sie anspricht und mit dem Sie sich wohl fühlen, dessen Bilderwerk für Sie Sinn macht. Es gibt hunderte von Kartensätzen, alle mit Themen, und nicht jeder funktioniert bei jedem gleich gut.

Wenn Sie einen Satz Karten besitzen, müssen Sie viel Zeit damit verbringen, ihn also in die Hand nehmen, sodass Ihre persönliche Energie mit der Energie der Karten verschmilzt. Sie sollten jede Karte lange fixieren und über jede Karte nachlesen. Dadurch bekommen Sie einerseits ein gutes Verständnis für die allgemeinen Energien, die diese repräsentieren, und – noch wichtiger – andererseits finden Sie heraus, was jedes Symbol auf den Kartenvorderseiten für Sie persönlich bedeutet. Es handelt sich dabei um starke Archetypen und die Arbeit damit kann mächtige Magie produzieren. Je besser Sie jedes Symbol kennen und verstehen, umso leichter wird Ihnen die Arbeit mit den Karten fallen. Durch diese Symbole sprechen die Karten während einer Wahrsagung zu Ihnen oder werden zu einem Leitmedium, um Ihre magische Absicht zu transportieren.

Für die Magie kann jeder Standard-Tarotkartensatz verwendet werden. Eine Legetechnik ist ein Muster, nach dem die Karten ausgelegt werden, wobei jeder Platz einer Karte einen bestimmten Bereich der großen Frage abdeckt, in die Sie gerne Einblick gewinnen möchten. In diesem Beispiel arbeite ich mit dem Brighid-Kreuz. Den

Namen verdankt diese Legetechnik ihrer Ähnlichkeit mit dem irischen St. Brighids Cross. Wenn Sie jede Karte auf ihre Position gelegt haben, vergewissern Sie sich, eine geistige Verbindung zu schmieden, die Ihre Gedanken zu der Karte mit der Karte selbst knüpft.

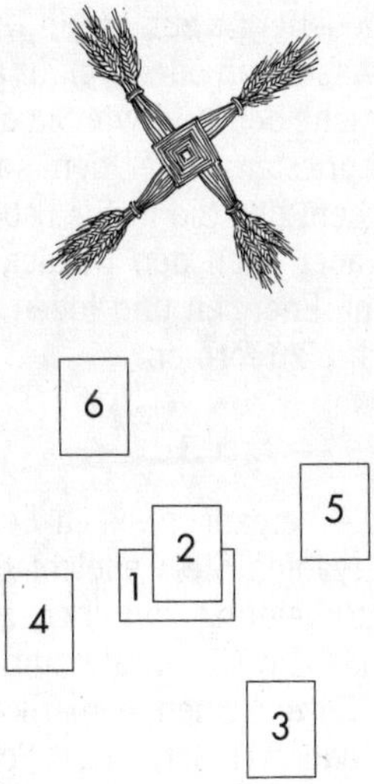

Abbildung 15: Legetechnik für einen Tarot-Liebeszauber; darüber sehen Sie das traditionelle irische St. Brighids Cross, aus Stroh gemacht.

1

Karte 1 verkörpert die Grundlage der aktuellen Frage. In unserem Fall wirken Sie einen Zauber, um Liebe anzuziehen. Ich möchte Ihnen ans Herz legen, keine manipulative Magie mit Tarotkarten zu versuchen, da dieser Versuch die Energie der Karten unweigerlich gegen Sie lenken wird. Damit werden sie nicht nur als Wahrsage-Instrument nutzlos, sondern werden auch aktiv darauf hinwirken, Sie zu verwirren oder Ihre Magie in unerwünschte Richtungen zu senden. Am besten halten Sie Ihre Formulierungen und Ihr geistiges Bilderwerk ganz allgemein. Für die Karte in Position 1 können Sie zum Beispiel eine Karte wie das „Ass der Kelche“ wählen, die für Neubeginn in Gefühlsangelegenheiten steht, oder die Hohepriesterin oder den Kaiser, um entweder sich selbst zu verkörpern oder die Eigenschaften der Person, die Sie sich in Ihr Leben wünschen.

2

Karte 2 stellt eine Gegenenergie zur ersten Karte dar. Sie kann entweder die erste Karte verstärken oder von ihr ablenken, je nachdem, für welche Sie sich entscheiden und wie Sie diese deuten. Vielleicht möchten Sie die Hohepriesterin oder den Kaiser wählen, um sich selbst oder den Menschen, den Sie in Ihr Leben holen möchten, zu verkörpern. Vielleicht aber auch den Magier, der für die Fähigkeit steht, viele verschiedene Energien und Ideen aufzunehmen und daraus die eine, erwünschte zu formen.

3

Karte 3 repräsentiert die Vergangenheit in Beziehung zur aktuellen Fragestellung. Hierfür wählen Sie vielleicht die Karte „die Liebenden“, die für eine Entscheidung zwischen zwei Wünschen steht, oder die Karte „der Tod“. Im Gegensatz zum allgemeinen Glauben symbolisiert die Todes-Karte keinen körperlichen Tod, sondern tief gehende Veränderung oder Wiedergeburt. Sollten Sie jedoch beim Anblick dieser Karte das Bild des körperlichen Todes nicht aus Ihren Gedanken tilgen können, ist es das Beste, eine andere zu wählen. Eine gute Wahl könnte hier die Karte „Sechs Kelche“ sein – eine Karte, die ein dargebotenes Geschenk symbolisiert und annimmt. Die Karte steht hier für das Geschenk der Liebe, das Ihnen in Ihrem Leben zugedacht ist.

4

Karte 4 steht für eine Energie oder Aufgabe, die jetzt aus Ihrem Leben tritt oder vor kurzem vorüber ging. Sie können hier die Karte „das Glück“ legen, um eine Veränderung zum Besseren zu symbolisieren.

5

Karte 5 verkörpert eine Energie oder etwas, das in Ihr Leben eintreten wird. Hierauf können Sie sich konzentrieren, wenn Sie eine neue Liebe in Ihr Leben rufen. Für diese Position können Sie das „Ass der Kelche“ für Neubeginn wählen, die „Stärke“-Karte für Liebe über Hass oder den „Wagen“, der Eroberung symbolisiert.

6

Karte 6 verkörpert das letztendliche Ergebnis Ihres Zaubers. Hierfür sollten Sie eine Karte wählen, die für persönliches Glück in allen guten Dingen steht. Die „Universum“- oder „Sonnen“-Karte wird häufig für diese Position gewählt.

Wenn Sie eine Kartenauswahl getroffen haben, die Sinn für Sie macht und Ihren Wunsch zusammenfasst, um eine neue Liebe in Ihr Leben zu ziehen, legen Sie sie langsam an einem Platz aus, wo Sie die Karten für Wochen oder Monate liegen lassen können und wo sie nicht stören. Wenn Sie die Karten zwischen jeder Ausführung des Zaubers wegräumen müssen, ist es am besten, die ausgewählten Karten vom Rest des Kartenstapels zu trennen und sie eingewickelt in einem dunklen Tuch aufzubewahren, und zwar in der Reihenfolge, in der sie auch in Ihrem magischen Legesystem ausgebreitet sind. So können Sie sie direkt aus dem Tuch nehmen und in die richtige Position für den Zauber bringen.

Gehen Sie jeden Tag jede Karte mental durch und visualisieren Sie, was diese in Bezug auf Ihren Zauber bedeutet. Vielleicht möchten Sie dieses Vorgehen wie eine rituelle Handlung ausgestalten, indem Sie am Kopf der ausgelegten Karten Kerzen entzünden, eine rosa- oder lavendelfarbene (für Romantik), eine rote (für Leidenschaft) oder orangefarbene (für Anziehungskraft). Sie können ebenfalls einen Stein, der bekanntermaßen in Liebesangelegenheiten förderlich ist – wie zum Beispiel Rosenquarz –, in der Mitte der Auslegung platzieren, um die Konzentration zu verstärken und um Energie besser versenden zu können. Dieser Prozess kann bis zu 30 Minuten dauern, je nachdem, wie intensiv Sie jede Sitzung gestalten wollen.

Wenn Sie geistig jede Karte durchgegangen sind und analysiert haben, was deren Bild für Sie bedeutet, stellen Sie sich vor, wie die Energie der Karten in einem riesigen, wirbelnden Ball über Ihnen verschmilzt; senden Sie diese Energie mental hinaus in die Geisterwelt.

Der Sieben-Tage-Regenbogen-Zauber

Charakteristik: Nicht manipulativ
Anzahl der Utensilien: 14+
Zeitrahmen: Eine Woche lang, etwa eine Stunde täglich
Bester Zeitpunkt: Zunehmender Mond; Beginn am Montag

Dieser Zauber versucht sich sowohl das ganze Spektrum der Farbenenergie zu Nutze zu machen sowie die Energie aller großen Planeten, indem er mit den sieben Wochentagen arbeitet. Sie benötigen sieben Weihkerzen in den sieben Spektralfarben: Rot, Orange, Gelb, Grün, Blau, Indigo und Violett. Außerdem benötigen Sie für jede Kerze einen Kerzenhalter. Diese müssen farblich nicht auf die Kerzen abgestimmt sein, sondern können durchsichtig oder neutraler Farbe sein.

Bauen Sie den Zauber an einem Ort auf, an dem Sie die Utensilien die ganzen sieben Tage über stehen lassen können. Stellen Sie die Kerzen in einer Reihe auf, sodass die violette ganz links steht und die rote ganz rechts.

Beginnen Sie den Zauber an einem Montag in den ersten Tagen einer zunehmenden Mondphase. Wenn Sie den Zauber sieben Tage später beenden, sollte noch zunehmender Mond oder Vollmond sein, er darf noch nicht in die abnehmende Mondphase übergehen. Außerdem sollten Sie eine Tageszeit festsetzen, zu der Sie den Zauber wirken und die während der ganzen Dauer nach Möglichkeit gleich bleiben sollte.

Da jede Tagesstunde von der Energie eines bestimmten Planeten beherrscht wird, erlaubt Ihnen diese zeitliche Abstimmung, die Energien jedes Planeten noch zusätzlich in Ihren Zauber zu integrieren. Außerdem wird dadurch ein ständiger Fluss magischer Energie in Ihren Zauber einsickern.

Jedes Mal, wenn Sie an den sieben Tagen mit dem Zauber beginnen, müssen Sie etwas Zeit mit den Kerzen verbringen, in der Sie

Abbildung 16: Die sieben Spektralkerzen

sich mit aller Kraft Ihr Ziel, eine neue Liebe in Ihr Leben zu ziehen, vorstellen. Machen Sie dies sowohl vor als auch nach dem Anzünden der Kerzen. Stellen Sie sich vor, dass der ganze Makrokosmos Ihr Verbündeter ist – alle Planeten und Farb-Energien machen sich auf die Suche nach der richtigen, wahren Liebe und führen diese zu Ihnen.

An dem Montag, an dem Sie beginnen, visualisieren Sie Ihr Ziel für einige Minuten und entzünden dann die violette Kerze. Sprechen Sie:

Durch violette Nebelschleier rufe ich meine Liebe,
während Lunas Strahlen auf ihm (ihr) liegen;
mich aufzuspüren, wird er (sie) gezwungen sein,
wahr wird unsere Liebe sein.

Lassen Sie die Flamme mindestens zehn Minuten lang brennen. Während dieser Zeit malen Sie sich aus, was Sie sich wünschen, und umhüllen Sie die Kerze mit all der geistigen Energie, damit sie am besten für Sie arbeiten kann.

Wenn Sie am Dienstag die Kerze entzünden, sprechen Sie:

Indigo, so reich wie die Dämmerung tief,
ich rufe zu mir eine bleibende Lieb.
Mars bitte ich, dass er (sie) mich erhöhrt,
und meine Liebe heute zu mir führt.

Nach dem Sie die indigofarbene Kerze angezündet und sich einige Momente auf ihre Bedeutung und Energien konzentriert haben, brennen Sie nun die violette Montagskerze ebenfalls an und lassen beide Kerzen die ganzen zehn Minuten lang brennen.

Am Mittwoch entzünden Sie die entspechende Kerze mit den Worten:

Auf den Schwingen des Merkur wird dieser Ruf gesendet,
in einem Wirbel von Blau über alle Kontinente.
Die Botschaft an meine wahre Liebe ist klar –
zu mir soll sie kommen, ob sie nun fern ist oder nah.

Nachdem Sie einige Momente mit der blauen Kerze verbracht haben, entzünden Sie die violette und die indigofarbene und lassen Sie alle zusammen die ganzen zehn Minuten lang brennen. Denselben Handlungsablauf werden Sie auch in den folgenden Nächten durchführen – bis Sonntag, wenn Sie das ganze Spektrum an Kerzen vor sich entzündet haben. Sie werden feststellen, dass es nicht nur ein schöner, sondern auch ein mächtiger Anblick ist.

Am Donnerstag sprechen Sie das Folgende, während Sie die Kerze anzünden:

Beim Jupiter rufe ich meine Liebe unbekannt,
mein Herz schlägt heftig, meine Kerze ist grün entflammt.
Ich warte und suche ihn (sie) und er (sie) sucht mich,
damit unsere vollkommene Liebe sich verwirklicht.

Am Freitag werden Sie die gelbe Kerze anzünden und sprechen:

Mit gelber Flamme meine Liebe ich rufe,
denjenigen (diejenige), der (die) verliebt mich sucht.
Venus segne mein edles Ziel
den (die) zu finden, der (die) mich am meisten liebt.

Am Samstag wiederholen Sie die Handlung der letzten fünf Tage und sagen:

Orangefarbene Flamme, bitte sei der Führer mein,
erhelle einen Pfad an meiner Seite mit deinem Schein.
Lass meine wahre Liebe mich nun finden,
mit den Ringen des Saturn wollen wir uns binden.

Am Sonntag entzünden Sie die letzte Kerze und sprechen:

Rubinrote Sonne, die du hoch oben scheinst,
brenne mit Leidenschaft in der wahren Liebe mein.

Führe ihn (sie) nun zu mir, und lasse ihn (sie) bleiben.
Jetzt ist die Stunde, dies ist der Tag.

Wenn Sie am Sonntag den Zauber beendet haben, verbringen Sie so viel Zeit wie möglich mit dem lodernden Spektrum an Kerzen vor Ihnen. Stärken Sie Ihre Visualisierung mit und in Verbindung zu jeder Kerze, bevor Sie die Flammen löschen und den Zauber abschließen. Lassen Sie sich nicht dazu verleiten, die Kerzen länger brennen zu lassen, als Sie bleiben und diese beobachten können. Dies birgt eine unnötige Brandgefahr, die wenig förderlich für Ihr Glück sein dürfte.

Doppel-Reflexionen

Charakteristik: Manipulativ, wenn Ihr Partner von dem Zauber nichts weiß
Anzahl der Utensilien: 3-4
Zeitrahmen: In der Regel weniger als eine Stunde
Bester Zeitpunkt: Neumond oder Vollmond; Montag oder Freitag

Für diesen Zauber benötigen Sie einen kleinen Spiegel, ein schwarzes Tuch – groß genug, um damit den Spiegel einwickeln zu können – und etwas Süßholzöl. Wenn Sie das Öl nicht finden können, ist der Süßholzextrakt zum Kochen, der in Lebensmittelgeschäften verkauft wird, ein guter Ersatz.

Damit dieser Zauber funktioniert, müssen Sie sowohl Ihr eigenes Spiegelbild als auch das Ihres Auserwählten im Spiegel einfangen. Sie müssen das Bild nicht lange halten, nur so lange, dass Sie es sich einprägen können, so wie Sie es im Spiegel erblicken.

Sobald Sie das Bild haben, bestreichen Sie den Spiegel mit dem Süßholzöl und bedecken ihn mit dem Tuch. Sie müssen das tun, bevor der Spiegel weitere Bilder und geistige Impressionen einfangen kann.

Bewahren Sie den Spiegel in der Nähe Ihres Bettes auf und jeden Abend, bevor Sie zu Bett gehen, nehmen Sie den bedeckten Spiegel in Ihre Hände und stellen sich auf seiner Oberfläche das Bild von Ihnen und Ihrer ersehnten Liebe vor. Vielleicht möchten Sie noch einen Vierzeiler dichten, um Ihren Zauber zu verstärken, wie zum Beispiel dieser:

Spiegel silbern wie der Mond am Himmelszelt,
der das Bildnis von mir und meiner Liebe hält,
gefroren und gebunden für immer in Glases Schein,
was ich in Liebe will, muss sein.

Dieser Zauber kann auch auf Paare zugeschnitten werden, damit ihre Beziehung stark bleibt oder sie sich die Treue halten oder in Zeiten der Trennung aneinander denken. Süßholz ist ein exzellenter Katalysator, um Erinnerungen hervorzurufen und um leidenschaftliche Gefühle zu entfachen.

Vergissmeinnicht-Knoten

Charakteristik: Manipulativ, wenn der Partner keine Erlaubnis für den Zauber gibt
Anzahl der Utensilien: 1
Zeitrahmen: Etwa eine Stunde, um die Kordel zu machen; weniger als fünf Minuten bei der nachfolgenden Anwendung
Bester Zeitpunkt: Bei Vollmond oder kurz vor Vollmond; jederzeit einsetzbar

Für eine Kordel oder ein Seil gibt es viele Einsatzmöglichkeiten in der Magie und nicht alle sind manipulative Bindungszauber. Im Gegensatz zum üblichen Knotenbinden, um den freien Willen eines Menschen zu besiegeln, werden die Knoten bei diesem Zauber vorab geknüpft für die Verwendung zu einem späteren Zeitpunkt. Dieser Zauber kann von einer Einzelperson manipulativ ausgestaltet werden oder er kann von einem Paar eingesetzt werden, das sich vorübergehend trennen muss und will, dass die Gefühle füreinander und die Gedanken aneinander stark bleiben.

Alles, was Sie für diesen Zauber benötigen, ist eine Kordel oder ein dünnes Seil, das man in Handarbeits- oder Haushaltswarengeschäften bekommt. Die Farbe der Kordel können Sie beliebig wählen. Sie soll die Art der Gedanken widerspiegeln, die Ihr Geliebter oder potenzieller Geliebter von Ihnen haben soll, wenn er an Sie denkt. Zum Beispiel ist Rot eine gute Farbe für leidenschaftliche Gedanken und Lavendel und Rosa sind am besten für Liebe und Romantik im Allgemeinen geeignet. Blau wird mit Gedanken an Treue verknüpft und Orange steht für Freundschaft und Anziehung.

In einer Vollmondnacht oder ein bis zwei Nächte zuvor tragen Sie die Kordel nach draußen oder an ein Fenster, wo das Licht des Vollmondes sie überfluten kann. Beginnen Sie an einem Ende, Knoten einzubinden. Sie können singen oder laut sprechen, während Sie die Knoten binden, oder auch etwas anderes tun, das Ihnen hilft, Ihre geistige Energie auf die Knoten zu übertragen. Statten Sie jeden Knoten mit den Gedanken aus, die die andere Person von Ihnen haben soll, wenn Sie die Knoten später lösen.

Es stellt sich immer die Frage, wie viele Knoten in der Kordel sein sollten. Dies liegt ganz bei Ihnen und Sie sollten sich dabei von Ihrem Gefühl leiten lassen. Ich persönlich knüpfe nie mehr als neun Knoten bei jeder Kordel-Magie, die ich bewirke. Neun ist eine magische Zahl in der spirituellen Tradition, der ich folge, und meiner Meinung nach ist es auch das Maximum an Knoten, das eine Kordel halten kann, ohne dass Energien anderweitig verstreut werden.

Bedecken Sie die Kordel und schützen Sie sie vor dem Tageslicht. Das ist Mondmagie. Die Kordel muss für die Stunden der Dunkelheit aufbewahrt werden. Wann immer Sie nun in der Zukunft wünschen, dass Ihr Geliebter oder potenzieller Geliebter an Sie denkt, nehmen Sie die Kordel heraus und lösen Sie einen Knoten, wobei Sie sich vorstellen, wie die Energie, die Sie hineingegeben haben, freigesetzt und zu ihm getragen wird.

Ring-Magie

Charakteristik: Manipulativ oder nicht manipulativ
Anzahl der Utensilien: 1+
Zeitrahmen: Unterschiedlich, aber in der Regel nur wenige Minuten, normalerweise ist kein weiterer Energieaufwand erforderlich
Bester Zeitpunkt: In der Regel am besten bei Vollmond

Als Schmuckstücke sind Ringe tausende von Jahren alt. In der Magie werden sie mindestens seit dem Mittelalter verwendet, als sie als Ziergegenstände des Adels Verbreitung fanden. Das Metropolitan

Kunstmuseum in New York zählt einen Etrusker-Ring zu seinen Schätzen, der auf das Jahr 500 v. Chr. datiert wird. Seit dieser Zeit werden Ringe als Zeichen der Zugehörigkeit zu einer bestimmten Organisation getragen, um Verdienste oder Ränge zu kennzeichnen und um Bündnisse wie Verlobungen oder Ehen zu besiegeln. Im 16. Jahrhundert wurden Eheringe allgemein üblich und das bescheidene Hochzeitsband begann seine eigenen magischen Volksbräuche zu entwickeln, wovon sich die meisten um Liebe und Romantik drehten.

Die Energie, die jedem Hochzeitsring innewohnt, hängt davon ab, wer ihn getragen hat, aber fast alle können für einfache Magie und zur Wahrsagung verwendet werden. Der Ring, den Sie verwenden, muss nicht Ihr eigener sein. Sie können ein Familienerbstück nehmen, einen, den Sie von einem Freund oder Verwandten geliehen oder einen, den Sie in einem Secondhand- oder Antikgeschäft gekauft haben.

1. Um ein Wahrsagependel anzufertigen, nehmen Sie eine Strähne Ihres eigenen Haares und befestigen Sie daran einen Hochzeitsring. Lassen Sie den Ring an dem Haar baumeln, während Sie Fragen stellen, die Bewegungen beobachten und diese zu deuten versuchen.
2. Sie können den Ring auch vor sich ausrollen lassen, während Sie Fragen zu Ihrem zukünftigen Partner stellen. Wenn der Ring sich nach links dreht, ist die Antwort negativ, wenn er nach rechts dreht, ist die Antwort positiv.
3. Spähen Sie in einer Nacht bei Vollmond durch einen Ehering, wenn dieser von einem Nebelschleier umgeben zu sein scheint, und Sie können einen Liebeswunsch aussprechen.
4. Reiben Sie pulverisierten Ingwer oder Ingweröl in den Ehering von jemandem, um diese Person leidenschaftlich werden zu lassen; verwenden Sie Rosmarin, damit er Ihnen die Treue hält.
5. Wenn Sie den Ehering von jemandem an einer Silberkette um den Hals tragen, wird dieser Mensch sich in Sie verlieben. Das große Geheimnis ist, wie Sie den Ring von der entsprechenden Person bekommen und dann offen tragen können. Dieses Rätsel müssen Sie jedoch selbst lösen.
6. Waschen Sie bei Tagesanbruch einen Ehering in einem Fluss mit klarem Wasser, um einen bestimmten Geliebten zu Ihnen zu ru-

fen. Streifen Sie den Ring über Ihren Finger, solange er noch nass ist.

7. Das Durchtrennen der perfekten Kreisform eines Eheringes wird zu einem Bruch in der Ehe führen – oder Scheidungsverfahren erleichtern.
8. Binden Sie zwei Eheringe mit einem blauem Faden zusammen, um eine wackelige Ehe zusammenzuhalten, oder bestreichen Sie sie mit Erde von dem Land, auf dem das Paar lebt, damit sie einander treu bleiben.
9. Nutzen Sie den Zauber fremder Ringe bei Ihrer eigenen Hochzeitszeremonie. Leihen Sie sich den Ehering von jemandem, der glücklich verheiratet ist, und tragen Sie diesen bei sich, wenn Sie zum Altar schreiten. Er wird Ihnen helfen, ebenfalls eine glückliche Ehe zu führen.
10. Wenn Sie Ihre Eheringe mit einer Gravur versehen wollen, sollten Sie darüber nachdenken, ein magisches Symbol hinzuzufügen, damit Ihre Ehe stark bleibt. Kreise, Rosen und Dreiecke sind geeignete Symbole, die für die Einheit in der Liebe stehen. Sie können auch ein eigenes Symbol entwerfen.
11. Um das Interesse an einer Liebesbeziehung bei jemandem zu wecken, tragen Sie einen Ehering an einem orangefarbenen Faden um Ihren Hals und lassen Sie diesen knapp unter Brusthöhe baumeln. Oder Sie tragen ihn an Ihrer linken Hand unter einem anderen Ring. Damit meine ich, dass Sie zuerst den Ring der anderen Person an Ihren Finger stecken und danach Ihren eigenen an denselben Finger.
12. Damit ein Ehepartner, der aus der Ehe ausgeschieden ist, wieder Interesse an Ihnen zeigt, tragen Sie dessen Ehering unter Ihrem eigenen. Versuchen Sie ebenfalls die beiden Ringe mit einer Strähne Ihres Haares zusammenzubinden. Sollten Sie sie mit einer Strähne Ihrer beider Haare zusammenbinden können – umso besser.
13. Um eine Partnerin, die Sie verlassen hat, zurückzuholen, nehmen Sie ihren Ehering und spucken durch die Mitte, während Sie die Worte singen „Komm zu mir zurück." Legen Sie den Ring unter Ihre Matratze. Sie können den Ring auch mit einem Öl einreiben, das hergestellt wurde, um jemanden zu Ihnen zu bringen. Okkultläden verkaufen häufig zu diesem Zweck handelsüb-

lich hergestellte Öle. Sie können aber auch ein Öl verwenden, das Sie aus drei der folgenden Zutaten zusammenmischen: Rosmarin, Apfelblüte, Jasmin, Kardamom, Rose, Myrrhe oder flüssiges Drachenblut.

14. Um ein Paar, dessen Ehe zerbrochen ist, wieder zusammenzubringen, nehmen Sie deren Eheringe und binden sie mit einem roten Faden aneinander oder Sie schmelzen sie ein und verstecken das Nugget.
15. Um eine Ehe zu beenden, vergraben Sie Ihren Ring außerhalb Ihres Grundstücks, werfen Sie ihn in einen Fluss oder lassen Sie fünf andere Personen Ihren Ring anprobieren.

Versiegelt in einer Flasche

Charakteristik: Manipulativ oder nicht manipulativ
Anzahl der Utensilien: 6+
Zeitrahmen: Eine Stunde oder mehr für die Vorbereitung; weniger als 30 Minuten für die Ausführung
Bester Zeitpunkt: Unterschiedlich, aber folgen Sie dem Basisleitfaden der Mondphasen – zunehmender Mond, um entstehen zu lassen; abnehmender Mond, um zu zerstören

Symbolische oder magisch aufgeladene Gegenstände in eine Flasche zu füllen, ist eine Art Zauber, den es schon seit alten Zeiten gibt, als Flaschen noch nicht mehr waren als plumpe Tongefäße. Im Mittelalter, als Glas schon einfacher erhältlich war, erfreute sich diese Art von Zauber bei der Aristokratie und ihren Hofzauberern großer Beliebtheit. In der modernen Magie werden sie oft als „Hexenflaschen" bezeichnet und in den verschiedensten Zaubern verwendet.

Die Gegenstände, die in die Flaschen gefüllt werden, sind manchmal alles andere als nett. Jeder hat jedoch einen symbolischen Zweck, der helfen soll, das gewünschte Ziel Wirklichkeit werden zu lassen. Ich habe Hexenflaschen mehrere Male in Schutzzaubern verwendet und sie haben sich als sehr effektiv erwiesen.

Für jeden Flaschenzauber brauchen Sie ein kleines Glasgefäß mit Deckel, alle Zutaten, die für die spezielle Flasche notwendig sind, und die entsprechende Zeit, um die Flasche und jeden darin befindlichen Gegenstand geistig aufzuladen, während Sie sie herstellen. Laut der Überlieferung wird die Magie eines Flaschenzaubers so lange weiter wirken, bis die Flasche geöffnet, zerbrochen oder ausgegraben wird oder nachdem ein volles 13-Monate-Mondjahr verstrichen ist. Sollte eines dieser Ereignisse eintreffen und Sie möchten den Zauber dennoch aufrechterhalten, muss die Flasche neu hergestellt werden.

Eine Flasche, um eine Liebe an sich oder jemand anderen zu binden

Für diesen manipulativen Zauber brauchen Sie ein kleines Foto des ersehnten Geliebten oder einen kleinen Gegenstand, der Sie an diesen Menschen erinnert. Sie benötigen außerdem etwas Erde von dem Land, auf dem Sie leben, etwas Schnur und einige Liebe herbeiführende Kräuter; eine Liste davon finden Sie in Anhang A.

Füllen Sie alle aufgeladenen Gegenstände in die Flasche, dann atmen Sie dreimal hinein, während Sie sich das Ergebnis Ihres Zaubers vorstellen. Verschließen Sie die Flasche schnell und bewahren Sie sie in der Nähe Ihres Schlafplatzes auf – jedoch versteckt, sodass niemand von ihrer Existenz etwas mitbekommt.

Eine Flasche, um Ihnen oder jemand anderem zu helfen, einen alten Geliebten zu vergessen

Geben Sie Salz, Alpenveilchen und Angelika in eine Flasche und füllen Sie diese mit Wasser. Salz erdet die Energien und die zwei Kräuter werden üblicherweise in Zaubern für Vergesslichkeit verwendet. Bewahren Sie die Flasche irgendwo auf, wo Sie sie nicht sehen, außer einmal am Tag – entweder bei Tagesanbruch oder Sonnenuntergang – wenn Sie sie schütteln und sich dabei auf ein glückliches Leben konzentrieren – ohne den Menschen, den Sie vergessen wollen.

Eine Flasche, um eine neue Liebe in Ihr Leben zu ziehen

Füllen Sie eine Flasche mit Gegenständen, die die Art von Mensch verkörpern, die Sie gerne in Ihrem Leben hätten, und die Sorte von Leben, die Sie mit diesem Menschen führen möchten. Bewahren Sie die Flasche eine ganze Woche an einem sonnigen Fenster auf und verbringen Sie jeden Tag etwas Zeit damit, die Flasche mit Ihrem Ziel zu laden.

Am siebten Tag öffnen Sie die Flasche, damit die Liebesenergie herausströmen kann, um den richtigen Partner für Sie anzuziehen. Während Sie die Flasche öffnen, visualisieren Sie, wie die Energie wegfliegt, um Ihren Wunsch zu erfüllen, und versiegeln Sie den Zauber mit Worten wie:

Ich entlasse dich nun, um meinen Willen zu tun,
die Energie der Liebe wähle ich, um sie zu vergießen.
Liebe meiner Träume, die mich gleichermaßen sucht,
in freiem Willen werden wir uns in Liebe verbinden.

Eine Flasche, um eine Liebesaffäre zu beenden

Um mit einem Flaschenzauber eine Liebesaffäre zu beenden, die Sie nicht länger wollen, füllen Sie Gegenstände, die diese Beziehung verkörpern, in die Flasche. Fügen Sie etwas Essig, Zitronensaft oder saure Milch hinzu. Vergraben Sie die Flasche weit von Ihrem Grundstück entfernt.

Dieser Zauber kann sowohl bei Ihrer eigenen Beziehung wirken als auch bei Beziehungen von anderen, die Sie gerne getrennt sehen würden oder die Sie gebeten haben, sie zu trennen.

Eine Flasche, um einen Nebenbuhler abzulenken

Wenn Sie einem Rivalen in Liebesangelegenheiten die Kraft rauben wollen, füllen Sie eine Flasche mit Glasscherben, rostigen Nägeln und Ihrem Urin. Während Sie die Flasche herstellen, müssen Sie sich vorstellen, wie Ihr Rivale sein Interesse an der Person verliert, an der Sie interessiert sind. Vergewissern Sie sich, dass Sie alle Minuspunkte Ihres Nebenbuhlers visualisieren, sodass diese geistig an Ihren ersehnten Geliebten weitergeleitet werden. Verschließen Sie die Flasche und vergraben Sie sie weit von Ihrem Haus entfernt.

Das grünäugige Monster herauskehren

Charakteristik: Manipulativ
Anzahl der Utensilien: 3-7
Zeitrahmen: Eine Stunde oder weniger
Bester Zeitpunkt: Jede Mondphase, wirkt jedoch besser während einer Mondfinsternis; Samstag

Aus Gründen, die ich wahrscheinlich nie verstehen werde, halten viele Leute es für eine konstruktive Freizeitbeschäftigung, Eifersucht zu erwecken. Dies soll geeignet sein, um Liebesgefühle zu verstärken. In den meisten Fällen bewirkt Eifersucht jedoch genau das Gegenteil. Sie ist eine zerstörerische Emotion, basierend auf Furcht und dem Gefühl, von jemandem bedroht zu werden; sie trägt nicht im Geringsten dazu bei, warme und liebevolle Gefühle hervorzurufen. Ich gebe zu, dass es eine Emotion ist, die ich nicht verstehen kann – und ich wäre glücklich, wenn jemand von denen, die sie verstehen, sie mir erklären würde. Sowohl für mich persönlich als auch in der Magie generell gilt, dass mit Eifersucht selbstverantwortlich umgegangen werden muss. Auch wenn starke, manipulative Magie bestimmte Verhaltensweisen erzwingen kann, so kann sie doch nicht die Grundeigenschaften eines anderen Menschen verändern. Die Menschen machen, was Sie machen wollen, mit wem Sie es machen wollen. Eifersucht wird daran nichts ändern – sie wird nur denjenigen, der eifersüchtig ist, sich miserabel fühlen lassen.

Jedem, der immer noch der Meinung ist, er müsste einen Geliebten oder potenziellen Liebhaber eifersüchtig machen, biete ich diesen Zauber an, der wiederum auf einem basiert, den ich von meiner Curandera-Freundin Lupita gelernt habe. Ein Merkmal mexikanischer Magie ist es, dass darin sehr oft gewöhnliche Haushaltsutensilien zum Einsatz kommen, die nicht mehr für etwas anderes verwendet werden können. In diesem Fall ist saure Milch der Hauptbestandteil.

Dazu benötigen Sie noch eine Tasse für die Milch und etwas gelbe und grüne Lebensmittelfarbe oder ein paar Tropfen ranziges Öl. Außerdem brauchen Sie ein Foto desjenigen, den Sie eifersüchtig machen möchten, oder – wenn Sie keines besitzen – einen persönlichen Gegenstand dieser Person oder Sie müssen einen Platz kennen, an dem sie jeden Tag vorübergehen muss.

Es ist Ihnen freigestellt, ob Sie noch hellgrüne und dunkelgelbe Kerzen dazunehmen. Sollten Sie mit Kerzen arbeiten, legen Sie die Gegenstände dazwischen, die Sie im Zauber verwenden, und zünden Sie die Kerzen an, bevor Sie beginnen. Visualisieren Sie, wie sie das Feuer der Eifersucht in der Person auslösen, an die Sie diesen Zauber richten. Fügen Sie das ranzige Öl oder die Lebensmittelfarben zu der sauren Milch hinzu. Übertragen Sie in die Milch so viele hässliche Gefühle der Eifersucht, wie Sie nur können. Wenn Sie das Gefühl haben, dass die Milch zu einem Kessel der eifersüchtigen Gefühle geworden ist, schütten Sie sie über das Foto desjenigen, den Sie eifersüchtig machen wollen, oder Sie nehmen die Milch und gehen zu dem Platz, den die entsprechende Person immer überqueren muss, und schütten es auf deren Weg. Während Sie das tun, stellen Sie sich vor, wie die Person vor Eifersucht kocht. Lassen Sie dem Zauber einige Wochen Zeit, um sich voll zu entfalten. Dann wiederholen Sie ihn, falls notwendig.

Festgenadelt

Charakteristik: Manipulativ oder nicht manipulativ
Anzahl der Utensilien: 3+
Zeitrahmen: Unterschiedlich; von 30 Minuten bis zu einer Stunde täglich, sieben Tage lang
Bester Zeitpunkt: In der Regel bei abnehmendem Mond

Wenn Sie das Gefühl haben, dass ein Bindungszauber auf Ihnen liegt, investieren Sie etwas Zeit, um Ihre Energien mit einer Kerze zu verschmelzen. Drücken Sie eine gerade Nadel auf halber Höhe durch die Mitte der Kerze. Die Nadel verkörpert den Zauber, der Sie durchdringt. Verbringen Sie sieben Tage lang täglich eine Stunde mit der

Kerze und lassen Sie sie niederbrennen. Stören Sie die Nadel auf keine Weise, lassen Sie die Flamme über der Stelle brennen, wo sich die Nadel befindet. Wenn Sie die Kerze jeden Tag abbrennen, stellen Sie sich vor, dass der Zauber aufgehoben ist, wenn die Nadel frei ist, visualisieren Sie, wie Sie selbst von dem Zauber befreit sind. Machen Sie dies sieben Tage lang, bis die Kerze abgebrannt ist, selbst nachdem die Nadel befreit ist, um die Visualisierung von Freiheit zu verstärken.

Sie können auch eine Nadel nach derselben Methode durch eine Kerze stecken, wenn Sie möchten, dass jemand seine Liebe zu Ihnen aufgibt.

Schneiden Sie eine Limone in zwei Teile und platzieren Sie im Innern den Namen der Person, von der Sie nicht mehr geliebt werden wollen. Fügen Sie die zwei Limonenhälften mit zwei Nadeln wieder zusammen und vergewissern Sie sich, dass diese beiden im Innern der Limone ein X bilden. Legen Sie die Limone in ein Glasgefäß, gefüllt mit Salz und Essig, und vergraben Sie es, um die Leidenschaft zu begraben.

Wenn Sie Püppchen besitzen, die bereits für die Liebesmagie vorbereitet wurden, und Sie den Zauber beschleunigen wollen, nehmen Sie eine lange gerade Nadel und durchstechen Sie beide Puppen zusammen auf Herzhöhe. Dies wird jenen emotionalen Aufruhr aktivieren, den Sie beide bezüglich Ihrer Beziehung empfinden, und wird jede Krise an die Oberfläche Ihres Lebens bringen.

Um einen Partner vom Poussieren abzubringen, schneiden Sie eine Kartoffel oder eine Rübe in zwei Hälften und legen etwas Haar oder einige Fingernägelschnipsel des anderen zusammen mit Ihren eigenen hinein. Verschließen Sie die Kartoffel mit einer Nadel und vergraben Sie sie in der Nähe Ihres Hauseinganges.

Fies und schmutzig

Charakteristik: Manipulativ
Anzahl der Utensilien: 2
Zeitrahmen: Nur einige Minuten; der Zauber sollte jedoch durch

regelmäßige Visualisierung gestützt werden, bis er vollständig ausgeführt ist
Bester Zeitpunkt: Bei Bedarf

Damit Ihre Partnerin Ihnen treu bleibt, während sie voneinander getrennt sind, legen Sie ein kleines Stückchen Erde von dem Land, auf dem Sie leben, in deren Schuhe. Ihre Partnerin darf jedoch nichts davon bemerken. Dann wird sie jeden Abend nach Hause kommen, ohne durch gefährliche Gefilde gewandert zu sein.

Den Garten der Liebe bepflanzen

Charakteristik: Manipulativ oder nicht manipulativ
Anzahl der Utensilien: 2+
Zeitrahmen: Von einigen Minuten bis zu mehreren Monaten
Bester Zeitpunkt: Sie können jederzeit beginnen; der Zauber muss über längere Zeit kultiviert werden

Eine sehr beliebte Art von Magie, manchmal als „Grüne Hexenkunst" bezeichnet, beschäftigt sich mit dem Kultivieren von magischem Zubehör in einem Gärtchen. So wie das, was Sie anpflanzen, wächst, so wird es auch die gewünschte Magie tun. Um dies auf Ihre Liebeszauber anzuwenden, wählen Sie Kräuter oder Blumen, die mit Romantik in Verbindung stehen wie Gartenwicke, Rose oder Eisenkraut. Pflegen Sie den Garten jeden Tag, von der Vorbereitung über die Aussaat und das Einpflanzen bis zur Ernte. Während Sie arbeiten, konzentrieren Sie sich ausschließlich auf Ihr Ziel.

Wenn es vorbei ist, ist es vorbei II

Charakteristik: Manipulativ
Anzahl der Utensilien: 2
Zeitrahmen: 30 Minuten; der Zauber muss vielleicht mehrere Nächte lang wiederholt werden

Bester Zeitpunkt: Abnehmender Mond; Mittwoch oder Donnerstag

Entzünden Sie eine Kerze in einer Farbe, die Ihnen *nicht* gefällt. Sie soll die Leidenschaft verkörpern, die in Ihnen erloschen ist. Mit diesem Zauber wollen Sie sie in jemand anderem zum Sterben bringen.

Bestreichen Sie die Kerze mit Kampferöl, eine Substanz, die mit dem Abkühlen von leidenschaftlichem Feuer in Verbindung gebracht wird. Während Sie dies tun, halten Sie Ihre Vorstellung aufrecht, in der die Kerze die abnehmende Leidenschaft darstellt. Wenn die Kerze niederbrennt, betrachten Sie das als das Schwinden der Leidenschaft. Wenn Sie dies so lange wie möglich gemacht haben, ersticken Sie die Flamme mit Kampferöl.

Dieser Zauber muss vielleicht mehrere Nächte in Folge wiederholt werden, bis die sexuelle Verbindung zu Ihrem früheren Partner durchbrochen ist. Vergraben Sie den Kerzenstummel, wenn Sie fertig sind.

Einen Liebeszauber brechen

Charakteristik: Nicht manipulativ
Anzahl der Utensilien: Unterschiedlich
Zeitrahmen: Erstmalige Ausführung wahrscheinlich weniger als eine Stunde
Bester Zeitpunkt: Bei Bedarf, am besten jedoch bei abnehmendem Mond

Es scheint mir angebracht, dass der letzte Zauber in diesem Buch Ihnen aufzeigt, wie man einen Liebeszauber bricht. Wie bereits in Kapitel 4 erwähnt, ist es nicht immer notwendig, einen Liebeszauber formell rückgängig zu machen. Magie stirbt in der Regel von alleine ab, wenn kein Nachschub an frischer Energie mehr erfolgt. Zauber, die ein formales Brechen erforderlich machen, sind notwendig, wenn andere Wesen – Gottheiten, Feen, Geister usw. – um Hilfe angerufen wurden oder wenn der Zauber über einen langen Zeitraum hinweg so oft wiederholt wurde, dass dem Ausübenden klar ist, dass starke

Strömungen in Bewegung gesetzt wurden, die so bald wie möglich gestoppt werden müssen.

Jedes Brechen eines Zaubers erfolgt nach einem etwas unterschiedlichen Muster, je nachdem, wie der Zauber ausgeführt wurde. Das erste, was Sie tun müssen, ist, sich vorzustellen, wie alle Energien in Verbindung mit dem Zauber zu einem Ende kommen. Manchen Leuten liegt es, den Visualiserungsprozess umzukehren. Dann stellen sie sich vor, wie alle Energien auseinander brechen und auf den Boden niedersinken, um geerdet zu werden.

Der nächste Schritt ist, alle Gegenstände zu zerstören, die mit dem Zauber in Verbindung stehen. Alle Talismane, Papiere usw. sollten mit einer Erdungssubstanz bestrichen werden wie Benzoe, Weihrauch, Drachenblut, Gewürznelke, Asche oder Salz. Verbrennen oder vergraben Sie die Gegenstände, wobei Sie visualisieren, wie alle magische Energie zu einem Ende kommt. Wenn dies geschieht, verkünden Sie eine Trennungserklärung von dem Zauber wie die folgende:

Durch meinen Willen wurde dieser Zauber gewirkt,
doch nun gehört dieser Zauber der Vergangenheit an.
Nicht länger suchend, was ich zu gewinnen suchte,
beendige ich hiermit diesen Zauber und alle seine Ziele.

Da Gedanken die Basis für Zauber bilden und Zauber somit ihre Hauptenergie durch Gedanken erhalten, müssen Sie Ihre Gedanken kontrollieren, während Ihr Zauber sich selbst zerstört. Wenn Sie bemerken, wie sich Ihre Gedanken zum Zauber oder dessen Ziel hinwenden, müssen Sie schnell jede Energie unwirksam machen, die Sie eventuell immer noch hineinsenden. Falls Sie den Zauber über eine lange Zeit ausgeführt haben, ist dieser wahrscheinlich zu einer Gewohnheit geworden, die nur schwer zu brechen ist.

Einer meiner besten Tricks, um den Energienachschub für einen nicht mehr erwünschten Zauber zu brechen, ist es, das Bild in meinem Gedächtnis gefrieren zu lassen, sobald ich bemerke, dass es dort unaufgefordert hineindrängt. Dann stelle ich mir ein großes schwarzes X vor, das über die Oberfläche des geistigen Bildes gezogen wurde. Anschließend lasse ich es willentlich auseinander brechen und verwelken.

Eine andere Möglichkeit, um das mentale Bild anzuhalten, ist, es sich als Schnappschuss vorzustellen, den Sie geistig auseinander reißen können. Oder Sie stellen sich vor, wie das Bild in kleine staubähnliche Partikel zerfällt, die von der Erde aufgesogen werden. Machen Sie, was auch immer notwendig ist, um das geistige Bild zu zerstören, sodass Sie sich selbst konditionieren, diesem nicht noch mehr Energie zufließen zu lassen und somit den Zauber nicht länger am Leben zu erhalten, als Sie dies wollen.

Anhang A
Wirkungsweisen

Im Folgenden erhalten Sie eine Auflistung häufig verwendeter Katalysatoren in Zaubern und bei Wahrsagungen für Liebe, Lust oder Treue. Einige davon sind extrem giftig, diese sind mit einem Stern (*) gekennzeichnet und dürfen nur mit äußerster Vorsicht und bei umfassender Kenntnis ihrer Eigenschaften verwendet werden. Viele, die zwar nicht toxisch sind, sind zumindest bekannte Allergene, die bei empfindlichen Personen tödliche Reaktionen hervorrufen können. Wenn Sie nur den geringsten Zweifel an der Verträglichkeit einer Substanz haben, ist es besser, sich auf die sichere Seite zu schlagen und nach einem Ersatz zu suchen – vor allem, wenn Kinder und Haustiere damit in Kontakt kommen könnten.

Kräuter und Öle

Adamswurzel: zur Verwendung in Liebes- und Bindungszaubern
Alpenveilchen: um eine verlorene Liebe vergessen zu können
Alraune:* für Bildermagie und Bindungszauber
Angelika: um Visionen von einer zukünftigen Liebe herbeizuführen; um einen unerwünschten Rivalen in Sachen Liebe zu bannen
Anis: für Schönheitszauber; fördert jugendhaftes Aussehen; beliebt in Voodoo-Kreisen
Basilikum: förderlich für Treue; hält andere davon ab, Ihnen Ihren Geliebten abspenstig zu machen
Beinwell: zur Verwendung in allgemeinen Liebeszaubern
Damiana: führt Lust herbei
Dill: führt Liebe und Lust herbei; wird ebenfalls als Badewasserzusatz verwendet, um sich für potenzielle Liebhaber attraktiv zu machen
Distel: um Zauber aller Art zu brechen
Eberesche: zur Verwendung in allgemeinen Liebeszaubern

Eisenkraut: zur Verwendung in allgemeinen Liebeszaubern
Espe: um jemanden davon abzuhaltenn, Ihnen Ihren Geliebten abspenstig zu machen
Fieberwurz (ague root): um Zauber zu brechen
Flachs: zur Verwendung in Schönheitszaubern
Frauenmantel:* zur Verwendung in allgemeinen Liebeszaubern
Frauenwurz : um eine Liebe zu Ihnen zu ziehen
Galgant: um Lust herbeizuführen
Gartenwicke: um Romantik anzuziehen
Gerste: zur Verwendung in Liebes- und Fruchtbarkeitszaubern
Gewürznelke: um Wettstreitigkeiten bei der Liebeswerbung zu unterbinden und um Liebe entstehen zu lassen
Ginseng: für Schönheits-, Liebes- und Lustzauber
Goldrute: zur Verwendung in der Liebeswahrsagung
Hanf: zur Verwendung in Bindungszaubern
Hirschzunge: führt Lust herbei
Huflattich: wird in Liebeszaubern verwendet und – wenn verbrannt – bei Wahrsagungen
Ingwer: zur Verwendung in allgemeinen Liebeszaubern
Jasmin: zur Verwendung in allgemeinen Liebeszaubern
Kamelie: um Luxus mit Liebe anzuziehen
Kardamom: führt Liebe und Lust herbei
Katzenminze: zur Verwendung in Schönheits- und Liebeszaubern; wird ebenfalls verwendet, um einen untreuen Partner zu zähmen
Klee: für Liebes- und Treuezauber
Kokkelskörner: für Liebeszauber und Wahrsagung
Kopal: um eine sehr reine Liebe anzuziehen
Koriander: um eine romantische Liebe anzuziehen
Kornhülsen: zur Verwendung in Bindungszaubern und bei Bildermagie
Kumin: um Treue zu fördern
Lavendel: ausgezeichnet geeignet, um romantische Liebe anzuziehen
Limone: hilft eine dynamische Liebe zu Ihnen zu ziehen; ausgezeichnetes Haarwaschmittel, um Liebe anzuziehen
Lobelie:* zur Verwendung in allgemeinen Liebeszaubern
Mädesüß: zur Verwendung in allgemeinen Liebeszaubern
Majoran: zur Verwendung in allgemeinen Liebeszaubern

Mate: zum Besiegeln einer Freundschaft; in Argentinien sehr beliebt
Mimose: zur Verwendung in allgemeinen Liebeszaubern
Minze: zur Verwendung in allgemeinen Liebeszaubern
Mistelzweig:* um Anti-Liebeszauber zu brechen; führt Lust und Treue herbei
Mohnsamen: zur Verwendung in allgemeinen Liebeszaubern
Muskatnuss: um Treue zu fördern
Myrrhe: Liebes- und Lustkraut, das der Sex- und Liebesgöttin Aphrodite geweiht ist
Nessel:* um eine Liebe oder eine Beziehung auseinander zu bringen
Patschuli: führt Lust herbei
Petersilie: zur Verwendung in allgemeinen Liebeszaubern und in Zaubern, um die persönliche Erscheinung zu unterstreichen
Portulak: zur Verwendung in allgemeinen Liebeszaubern
Primel: verstärkt Schönheit und Romantik; erzwingt die Wahrheit in Beziehungen
Queen Anne's Lace: zur Verwendung in allgemeinen Liebeszaubern; ebenfalls geeignet, um Fruchtbarkeit zu unterbinden
Rittersporn: zur Unterstützung bei Liebeswahrsagungen
Rohrkolben: zur allgemeinen Verwendung in Liebeszaubern
Rose: hilft Romantik und Leidenschaft anzuziehen
Rosmarin: zieht Liebe an
Safran: für Liebes- und Lustzauber
Sandelholz: gut für allgemeine Wunscherfüllungszauber
Schafgarbe: zur Verwendung in allgemeinen Liebeszaubern
Schwertlilienwurzel: zur Verwendung in allgemeinen Liebeszaubern
Sennespflanze: zur Verwendung in allgemeinen Liebeszaubern
Sonnenblume: zur Verwendung in der Liebeswahrsagung und Traummagie
Stechpalme: zur Verwendung in Liebes- und Bindungszaubern; um Lust zu steigern
Sumpfdotterblume: für Schönheitszauber
Tamarinde: zur Verwendung in allgemeinen Liebeszaubern
Thymian: zur Verwendung in Liebeszaubern und zur Wahrsagung
Vetiveria: zur Verwendung in allgemeinen Liebeszaubern
Wacholder: führt lustvolle Liebe herbei
Waldmeister: zur Verwendung in allgemeinen Liebeszaubern
Weinraute:* zur Verwendung in allgemeinen Liebeszaubern; exzel-

lent geeignet beim Einsatz von Talismanen; hilft Liebesflüche zu brechen
Wermut: um Liebe anzuziehen
Zaunrübe: zur Verwendung in Bindungszaubern
Zimt: um Liebe anzuziehen und um Lust zu erwecken
Zitroneneisenkraut: zur allgemeinen Verwendung in Liebeszaubern

Weiteres Blätterwerk

Ahornblätter/-rinde: zur Verwendung in allgemeinen Liebeszaubern
Akelei: zur Verwendung in allgemeinen Liebeszaubern
Apfelblüte: zur Verwendung in allgemeinen Liebeszaubern
Bittersüß: zur Unterstützung in Liebeswahrsagungen
Efeu:* zur Verwendung in Bindungszaubern
Eiche: um Lust zu erwecken
Elmenblätter/-rinde: zur Verwendung in allgemeinen Liebeswahrsagungen
Gardenie: zur Verwendung in allgemeinen Liebeswahrsagungen
Gänseblümchen: zur Verwendung in Liebeszaubern und zur Wahrsagung; wenn man darin badet, bringt es natürliche Koketterie an den Tag
Geißblatt: fördert Liebe und Wohlstand
Gelbe Pappelblätter: zur Verwendung in Liebes- und Bindungszaubern
Geranie: um eine lustvolle Liebe anzuziehen
Heidekraut: zur Verwendung in Liebes- und Bindungszaubern
Hibiskus: fördert sexuelle Liebe
Hyazinthe: zur Verwendung in Liebes- und Lustzaubern
Indian Paint Brush: zur Verwendung in Liebeszaubern, vor allem beim Einsatz von Talismanen
Kirschblüte: zur Verwendung in allgemeinen Liebeszaubern; besonders beliebt in Ostasien
Klatschmohn: um Liebesträume herbeizuführen
Kornblume: getragen, um Romantik anzuziehen
Linde: zur Verwendung in allgemeinen Liebes- oder Lustzaubern

Lilie: zur Verwendung beim Brechen von Liebeszaubern
Lotus: für Liebeszauber; kann auch einen Anti-Liebeszauber brechen, der gegen Sie ausgesprochen wurde
Magnolie: für Liebes- und Schönheitszauber
Maiglöckchen: zur Verwendung in Zaubern für Glück im Allgemeinen
Myrte: zur Verwendung in Liebes- und Fruchtbarkeitszaubern
Orangenblüten: um eine romantische Liebe anzuziehen und zu binden
Osterglocke: zur Verwendung in allgemeinen Liebeszaubern
Pinienzapfen: um Lust und Fruchtbarkeit herbeizuführen
Plumeria: zur Verwendung in allgemeinen Liebeszaubern
Rose: zieht Romantik und Leidenschaft an
Rotulme: um Klatsch nicht bis zu Ihrem Geliebten vordringen zu lassen
Sonnenblume: um den Wahrheitsgehalt einer Situation zu erfahren
Stroh: für Bindungszauber und bei der Bildmagie
Tuberose: zur Verwendung in Liebes- und Friedenszaubern
Veilchen: zur Verwendung in Liebes- und Friedenszaubern
Weidenast: zur Verwendung in Bindungszaubern
Weidenrinde: zur Verwendung in allgemeinen Liebeszaubern
Weißdorn: zur Verwendung in Schönheitszaubern; ausgezeichnet für Glamoury-Zauber
Weizen: zur Verwendung in Liebes- und Fruchtbarkeitszaubern

Steine

Aquamarin: führt Träume herbei
Beryll: zur Unterstützung bei Liebeswahrsagungen
Blutstein: steigert Lust
Boji: verwenden Sie zwei Steine, um Ihren auserwählten Geliebten anzuziehen und an sich zu binden
Citrin: zieht Freundschaft an
Granat: ausgezeichneter Stein für allgemeinen Erfolg mit Zaubern, bei denen Sie die Leidenschaft packt

Hämatit: fördert lustvolle Gefühle

Jade: fördert Schönheit; gut zur Verwendung zusammen mit Glamoury-Zaubern

Karneol: hilft erwünschte Gelegenheiten anzuziehen

Magneteisenstein: um Liebe oder andere magische Bedürfnisse anzuziehen

Malachit: zur Verwendung in Schönheits- und Liebeszaubern

Mondstein: hilft, damit der/die, den/die Sie lieben, Sie niemals vergisst

Olivin: für allgemeine Liebes- und Schönheitszauber

Onyx: hilft negative Zauber, die an Sie geschickt wurden, oder Bindungen, die Sie belasten, zu brechen

Opal: leicht programmierbar für jeden Bedarf; besonders hilfreich als Glamoury-Talisman

Perle: zur Verwendung in allgemeinen Liebeszaubern

Rosa Kalzit: zur Verwendung in allgemeinen Liebeszaubern

Roter Jaspis: hilft Schönheit zu fördern

Roter Turmalin: führt erotische Träume herbei

Rubin: fördert tiefe sexuelle Liebe

Saphir: hilft, dass sich Träume manifestieren

Türkis: fördert Freundschaft und Treue

Metalle

Gold: kann helfen, lustvolle Gefühle herbeizuführen

Kupfer: zur Verwendung beim Brechen von lustvollen Gefühlen

Messing: führt ein falsches Sicherheitsgefühl herbei

Rotgold: hilft sexuelle Liebe anzuziehen

Silber: verwendet in Zaubern, um andere Menschen an Sie denken zu lassen

Zinn: für Glück und Erfolg im Allgemeinen

Farben

Blau: kann verwendet werden, um Träume herbeizuführen
Grün: Venusfarbe assoziiert mit Schönheit, Glamoury-Zauber und manchmal mit platonischer Liebe
Lavendel: zur Verwendung in allgemeinen Liebeszaubern
Orange: verwendet in Anziehungszaubern; vor allem gut als Unterstützung beim Anziehen von Freundschaft
Rosa: fördert Romantik und Frieden
Rot: um Leidenschaft und höchst sexuelle Romanzen hervorzurufen
Schwarz: absorbiert andere Energien
Weiß: kann immer verwendet werden, wenn Sie nicht wissen, welches die am besten geeignete Farbe ist

Verschiedenes

Amber: klassische Verwendung in Schönheitszaubern
Ananas: fördert Freundschaft und Partnerschaft
Apfel: zur Verwendung in Liebeszaubern und Wahrsagungen
Aprikose: zur Verwendung in Liebes- und Schönheitszaubern
Avokado: für Liebes- und Lustzauber
Birne: zur Verwendung in allgemeinen Liebeszaubern
Bohne: um getrennte Liebende zu versöhnen oder um zwei Liebende nach einem Streit wieder zusammenzubringen
Brombeere: zum Fördern persönlicher Schönheit; der Göttin Brighid geweiht
Dattelpflaume: um eine Liebe oder Beziehung zu versauern
Drachenblut: um Zauber zu brechen oder um Bindungszauber zu verstärken; ausgezeichnet geeignet, um Leidenschaft anzuziehen und zu besiegeln
Erbse: zur Verwendung in der Wahrsagung
Erdbeere: wenn sie geteilt und gemeinsam gegessen wird, um sexuelle Liebe herbeizuführen

Faden: zur Verwendung in Bindungszaubern; manchmal verwendet bei der Bildmagie

Feige: zur Verwendung in Liebes- und Fruchtbarkeitszaubern

Fingernägelschnipsel: für Liebes- und Bindungszauber

Gänsefeder: für Liebeszauber; der Sex- und Liebesgöttin Aphrodite geweiht

Granatapfel: für Liebes- und Lustzauber; der Göttin Persephone geweiht

Himbeere: zur Verwendung in allgemeinen Liebeszaubern

Honig: zur Verwendung in Schönheits- und Liebeszaubern; baut auch sexuelles Durchhaltevermögen auf

Hundehaar: um Treue zu fördern

Katzenhaar: um Untreue zu fördern

Kerze: je nach Farbe viele Einsatzmöglichkeiten; gut, um Gefühle der Lust zu wecken

Kirsche: um sexuelle Gefühle zu erregen

Kürbis: zur Verwendung in Liebes-, Schönheits- und Fruchtbarkeitszaubern

Limone: um Leidenschaft zu versauern und für negative Magie geeignet

Magnet: um Liebe und andere magische Bedürfnisse anzuziehen

Menstruationsblut: verwendet in Liebes-, Lust-, und Bindungszaubern

Milch: zur Verwendung in Schönheitszaubern

Milch, saure: für Anti-Schönheitszauber und um Eifersucht zu erwecken

Muschel: um Liebesträume herbeizuführen

Nadel: zur Feinabstimmung von Zaubern

Nuss: verwendet in Liebeswahrsagungen und Fruchtbarkeitszaubern

Olive: ein Aphrodisiakum

Orangenschale: um eine Romanze anzuziehen und zu besiegeln

Orchidee: zur Verwendung in allgemeinen Liebeszaubern

Papaya: zum Herbeiführen von lustvollen Gefühlen

Petersilie: zur Verwendung in allgemeinen Liebeszaubern

Pfirsich: zur Verwendung in allgemeinen Liebeszaubern

Pflaume: um große Leidenschaft herbeizuführen

Piment: zur Verwendung in allgemeinen Liebeszaubern

Pinienzapfen: fördert Lust und Fruchtbarkeit

Quitte: zur Verwendung in allgemeinen Liebeszaubern; der Liebesgöttin Venus geweiht
Reis: zur Verwendung in Liebes- und Fruchtbarkeitszaubern
Rhabarber: um Treue zu fördern
Rübe: als Unterstützung, um eine Beziehung zu beenden
Salpeter: klassische Substanz, um sexuelles Verlangen bei Männern zu mindern
Schalentiere: klassische Aphrodisiaka, aber häufig Allergene enthaltend
Schloss: um Leidenschaft und Intimität auszuschließen
Schokolade: ein Aphrodisiakum
Seil: zur Verwendung in Bindungszaubern
Sesamsamen: führt Lust herbei
Sperma: verwendet in Liebes-, Lust- und Bindungszaubern
Spiegel: zur Verwendung in Schönheitszaubern und bei Liebeswahrsagungen
Stiefmütterchen: zur Verwendung in allgemeinen Liebeszaubern
Süßholz: zur Verwendung in allgemeinen Liebeszaubern; führt ebenso Lust und Treue herbei
Süßkartoffel: zur Verwendung in allgemeinen Liebeszaubern
Sulfur: zur Verwendung beim Brechen von Liebeszaubern oder dem Abbrechen einer Beziehung
Tomate: zur Verwendung in allgemeinen Liebeszaubern
Vanille: zur Verwendung in allgemeinen Liebeszaubern
Weizen: zur Verwendung in Liebes- und Fruchtbarkeitszaubern
Zucker: zur Verwendung in Liebes- und Friedenszaubern

Anhang B

Bezugsquellen für magisches Zubehör

Wenn Sie sich magisches Zubehör besorgen möchten, sollten Sie sich zuerst an Ihre örtlichen Okkultläden wenden. Damit unterstützen Sie nicht nur andere Mitglieder Ihrer magisch interessierten Gemeinschaft, sondern Sie finden dort meist regionaltypische Gegenstände, die Sie woanders gar nicht oder nur sehr schwer bekommen würden. Außerdem sind diese Shops in der Regel gute Foren, um andere Magie-Praktizierende aus Ihrer Gegend kennen zu lernen.

Viele magische Organisationen und Publikationen haben bereits Ihren Weg ins Internet gefunden, deshalb könnten Sie auch dort einmal recherchieren.

Wenn Sie als Suchbegriff zum Beispiel „Hexenladen“ eingeben, erhalten Sie eine ganze Reihe von Adressen – hier nur eine Auswahl:

www. bokowsky.de/zzm2/specials/02_1999/index.htm
www.hexen-online.org
www.hexe.org
www.hexenpower.de
www.magisconny.de
www.warenkorb.parsimony.net
www. sorciere.de
www.paranormal.de/hexen/zubehoer.htm
www.daspentagramm.de
www.melbar.de
www.hexenladen.at

Glossar

Aromatherapie: Die Kunst, natürliche Duftstoffe in einem kontrollierten Umfeld zu verwenden, um eine erwünschte Änderung in der Psyche hervorzurufen.

Astrologie: Das Studium der Bewegungen und Interaktionen zwischen den Planeten und anderen Himmelskörpern, um Persönlichkeitsmerkmale und die möglichen Ergebnisse von Ereignissen auf der Erde festzulegen.

Bindungszauber: Zauber, die in der Regel – aber nicht immer – manipulativ sind und die ein Objekt, Energie oder eine Person an die Seele desjenigen, der den Zauber wirkt, binden wollen.

Buch der Schatten: Bezeichnung für ein Buch mit Zaubern, Ritualen und Formeln, geführt von jemandem, der einer der paganen oder Erd-Religionen folgt. Es ähnelt einem Grimoire – ein Ausdruck, der von den Magiern des Mittelalters für ihre magischen Texte verwendet wurde.

Curandera: Eine weise Frau oder ein Mann (Curandero) oder Heiler in Mexiko oder im amerikanischen Südwesten.

DHEA: Abkürzung für das Hormon Dehydroepiandrosteron, das sowohl beim Mann als auch bei der Frau vorkommt und den Sexualtrieb und die Orgasmusfunktionen reguliert.

Figurenmagie: Verwendet Püppchen, Schnitzereien oder andere Bildnisse, die ein magisches Bedürfnis, Ziel oder den Gegenstand eines magischen Wunsches verkörpern.

Glamoury: Ein Zauber, der die Illusion von Schönheit fördert, oder hilft, tatsächliche Schönheit zu erlangen. Stammt von einem Brauch der alten Götter und Göttinnen Irlands ab.

Grimoire: Ein Wort aus dem Mittelalter für ein Buch mit Zaubern und magischen Formeln.

Heiler (Cunning Man): Ein Name, der in vielen Gesellschaften dem Magier des Dorfes oder eines Stammes gegeben wurde. Eine seiner Aufgaben war es, Liebestränke herzustellen.

Hexenkult/Wicca: Moderne Ausdrücke für die alten Religionen Europas. Der Einsatz von Magie ist Teil dieser Glaubensrichtungen, einschließlich des Herstellens und Wirkens von Liebesmagie.

Katalysatoren: Objekte, die verwendet werden, um Magie auszulösen.

Lust: Sexuelle Leidenschaft mit oder ohne Liebesgefühlen.

Magischer Ersatz: Die Kunst, ein Objekt zu opfern im Austausch für etwas, das als Ziel des Zaubers gewünscht wird.

Monogamie: Die Übereinkunft in einer traditionellen Ehe, in der sich die Partner lebenslang sexuelle Treue geloben.

Omen: Ein Ereignis oder natürlich auftretendes Phänomen, von dem geglaubt wird, dass es zukünftige Ereignisse vorhersagt.

Oxytocin: Ein Hormon, das ausgeschüttet wird, wenn uns jemand berührt. Es ist verantwortlich für Emotionen des Wohlgefühls, der Bindung, für leichten Stress und Vergesslichkeit.

PEA: Die Abkürzung für den körpereigenen Stoff Phenylethylamin, der physiologische Veränderungen auslöst, die wir mit dem Sich-Verlieben in Verbindung bringen.

Pheromone: Ein nach Moschus duftendes Sexualhormon, das von DHEA abstammt, das anderen unser sexuelles Interesse an ihnen signalisiert.

Philtrum: Eine archaische Bezeichnung für einen Liebestrank; vom griechischen Philtron, was „zu lieben" bedeutet.

Platonische Liebe: Eine nicht sexuelle, rein geistige Liebesbeziehung.

Polyamour: Eine Ehevereinbarung, bei der zwei Menschen Regeln aufstellen, wie sie andere Liebes- oder Sexualbeziehungen innerhalb der Ehe eingehen und tolerieren werden, wobei die Integrität der eigenen Beziehung erhalten bleibt.

Püppchen: Eine Puppe oder ein anderes Bildnis, das in einem magischen Zauber entworfen wurde, um eine andere Person zu verkörpern.

Sehen: Die Kunst, in ein Objekt zu blicken, zum Beispiel einen Spiegel, eine Kerzenflamme oder eine Schüssel mit Wasser, bis übersinnliche Visionen entstehen.

Trank: Tees, Gebräue oder andere flüssige Substanzen, zusammengebraut als Hilfsmittel für die Magie.

Traditionelle Ehe: Eine Ehe zwischen einem Mann und einer Frau, die sich einander die sexuelle Treue bis zum Tod versprechen.

Treue: Feste Verbundenheit gegenüber einem oder mehreren Partnern, je nach Lebensstil und Vereinbarung eines Paares.

Visualisierung: Die Kunst des „Sehens mit dem Geist". In der Magie ist dies ein wichtiger Schritt, mit dem persönliche Energie in das Wunschobjekt projiziert wird.

Volksmagie: Zauber, Omen und Wahrsagung, die von der Bevölkerung über die Jahrhunderte praktiziert wurden.

Wahrsagung: Die Kunst, in die Zukunft zu blicken oder momentane Energiemuster zu lesen, die bereits durch Karten, Steine oder andere Hilfsmittel in Bewegung gesetzt wurden.

Weise Frau: Name für eine heil- und magiekundige Frau eines Dorfes oder Stammes in vielen Kulturen. Eine ihrer Aufgaben war es, Liebestränke für junge Frauen herzustellen.

Literatur

Die folgende Bücherliste deckt die Hauptthemen der Liebesmagie ab. Sie enthält viele die Magie betreffenden Referenztexte oder komplettiert auf andere Weise das in diesem Buch erwähnte Material. Sie führt Sie zu weiteren Bezugsquellen, die Ihnen das Herausarbeiten der Ziele Ihres persönlichen Programmes der Liebesmagie erleichtern. Es gibt eine Vielzahl von Büchern über Volksmagie und viele davon sind sehr gut. Bitten Sie Ihren Bibliothekar oder Buchhändler beim Finden und Auswählen von interessanten Titeln um Hilfe.

Begoun, Paula. *The Beauty Bible.* Seattle, WA: Beginning Press, 1997.

Blum, Ralph. *Runen. Anleitung für den Gebrauch und die Interpretation der Gemeingermanischen Runenreihe.* München: Hugendubel, 9. Auflage 1996.

Buckland, Raymond. *Practical Candleburning Rituals.* St. Paul, MN: Llewellyn Publications, 1984.

– *Secrets of Gypsy Love Magick.* St. Paul, MN: Llewellyn Publications, 1990.

– *Practical Color Magick.* St. Paul, MN: Llewellyn Publications 1987.

Cabot, Laurie, with Tom Cowan. *Love Magic.* New York: Delta, 1992.

Crenshaw, Theresa L. *Die Alchimie von Liebe und Lust. Hormone steuern unser Liebesleben.* München: Limes 1997.

Cunningham, Scott. *The Complete Book of Incense, Oils and Brews.* St. Paul, MN: Llewellyn Publications, 1989.

– *Cunningham's Encyclopedia of Magical Herbs.* St. Paul, MN: Llewellyn Publications, 1985.

– *Cunningham's Encyclopedia of Crystal, Gem and Metal Magic.* St. Paul, MN: Llewellyn Publications, 1988.

Dolnick, Barrie, Julie Condon und Donna Limoges. *Erotischer Hexenzauber.* München: Goldmann 1999.

Dunwich, Gerina. *Wicca Love Spells.* Secaucus, NJ: Citadel Press, 1996.

González-Wippler, Migene. *The Complete Book of Spells, Ceremonies and Magic.* St. Paul, MN: Llewellyn Publications, 1988.

Gray, Eden. *Mastering the Tarot.* New York: Signet Books, 1971.

Gray, John, Ph. D. *Men, Women and Relationship.* New York: HarperPaperbacks, 1993.

Gregory, Laneta und Geoffrey Treissman. *Das Aura Handbuch. Die menschliche Aura erkennen, verstehen und zur Heilung nutzen.* München: Heyne 1998.

Lowndes, Leil. *How to Make Anyone Fall in Love With You.* Chicago: Temporary Books, 1995.

McCoy, Edain. *Making Magick: What It Is and How It Works.* St. Paul, MN: Llewellyn Publications, 1997.

Malbrough, Ray T. *Charms, Spells and Formulas.* St. Paul, MN: Llewellyn Publications, 1986.

Mella, Dorothee L. *Stone Power.* New York: Warner Books, 1988.

Miller, Richard Alan. *The Magical and Ritual Use of Herbs.* New York: Destiny Books, 1983.

Pelton, Robert W. *Voodoo Charms and Talismans.* New York: Drake, 1973.

Rabin, Susan, with Lagowski, Barbara J. *How to Attract Anyone, Anytime, Anyplace: The Smart Guide to Flirting.* New York: Plume, 1993.

Rathgeb, Marlene Masini. *Sexual Astrology.* New York: Avon Books, 1993.

Schemm, Peter R., Ph. D. *Love: Impact on Physical and Mental Health.* Atlanta, GA: PRS Press, 1996.

Siegal, Bernie S. *Love, Medicine and Miracles.* New York: Harper and Rowe, 1986.

Weinstein, Marion. *Positive Magick.* Custer, WA: Phoenix Publishing Inc., 1978.

Zur Autorin

Edain McCoy wurde 1981 durch Selbst-Initiation zur Hexe und ist seit ihrer offiziellen Initiation 1983 in einem großen Konvent in San Antonio ein aktives Mitglied der paganen Gemeinde. Sie suchte bereits als Teenager nach einer alternativen Spiritualität, als sie zum ersten Mal mit der Kabbalah, einer Form von jüdischem Mystizismus, in Berührung kam. Seit dieser Zeit hat sie eine Vielzahl von magischen Wegen erlernt – einschließlich der keltischen Hexenkunst, der Volksmagie der Appalachen und der Curandera, einem mexikanisch-amerikanischen Volksbrauch. Heute ist sie Mitglied der Wittan Irish Pagan Tradition, wo sie eine Priesterin der Brighid sowie eine Ältere ist.

Als ehemalige Studentin der Universität von Texas mit einem BA in Geschichte ist sie aktiv in verschiedenen Schriftstellerverbänden tätig. Sie ist im Nachschlagewerk *Contemporary Authors* aufgelistet und veranstaltet gelegentlich Workshops zum Thema Magie oder gibt Studenten Einzelunterricht, die Hexenkunst erlernen möchten.

Zum Stammbaum der ehemaligen Holzbläserin der Lynchburg (VA) Symphoniker zählen sowohl die entehrte Lehnsfamilie McCoy in Kentucky sowie Sir Roger Williams, der religiöse Non-Konformist aus dem 17. Jahrhundert. In ihrem „richtigen“ Leben ist Edain zugelassene Börsenmaklerin.

Kontaktadresse

Edain McCoy
c/o Llewelly Worldwide
P.O. Box 64383, Dept. K700–5
St. Paul, MN 55164–0383, USA

Llewellyn Worldwide kann nicht garantieren, dass jeder Brief an die Autorin beantwortet wird, es werden jedoch alle weitergeleitet. Bitte legen Sie einen adressierten, internationalen Rückumschlag bei.